5분
논리 사고력 훈련
- 중급 -

5fun de Ronriteki Shikoryoku Drill
© Sony Global Education / Gakken

First published in Japan 2019 by Gakken Plus Co., Ltd., Tokyo
Korean translation Copyright © 2021 by BONUS Publishing Co.
Korean translation rights arranged with Gakken Plus Co., Ltd. through BC Agency

이 책의 한국어판 저작권은 BC에이전시를 통해 저작권자와 독점계약을 맺은 보누스출판사에 있습니다.
저작권법에 의해 보호를 받는 저작물이므로 무단전재와 무단복제를 금합니다.

초등 수학 천재로 키우는

5분 논리 사고력 훈련 중급

소니 글로벌 에듀케이션 지음 | 강태욱 옮김

바이킹

머리말

여러분, 사고하기를 좋아하나요?

소니 글로벌 에듀케이션은 2014년부터 수학을 통해 전 세계 사람들과 사고력으로 경쟁하는 '세계수학대회'(Global Math Challenge)를 개최하고 있습니다.
일본어·영어·중국어, 3개국 언어로 개최되며 지금까지 초등학생을 비롯하여 성인까지 약 30만 명이 참가하였습니다.
세계수학대회에서 출제되는 문제는 정답률이 30%를 밑도는 문제도 많습니다. 참가 후 실시한 설문 조사에서는 약 80%의 사람이 문제가 어렵다고 대답했습니다. 그러나 한편으로는 80% 이상의 사람이 문제가 재미있었다고 대답했습니다.

《5분 논리 사고력 훈련》에는 세계수학대회에 출제될 만한 문제들을 모았습니다. 모든 문제가 지식만으로는 해결할 수 없는, '저절로 사고하게 만드는 재미있는 문제'입니다. 풀었다, 풀지 못했다는 결과가 아닌 풀이로 향하는 과정을 소중히 여기면서 문제를 대하면 좋겠습니다.

사고하고 고민하다 번뜩이는 생각에 문제를 푸는 경험이 기쁨으로 이어집니다.
그러한 경험을 하려면 스스로 사고하는 과정이 필요합니다.
사고하기를 좋아하는 사람은 물론이고, 수학을 잘 못하고 사고하기를 별로 좋아하지 않는 사람일수록 꼭 도전해 보면 좋겠습니다.

자, 우리는

문제와 과제를 해결하는 사고방식에 접근하기 위해

'사고 회로 5단계'를 활용합니다.

이 책은 문제 풀이에 필요한 특정 사고 회로의 내용을 장마다 나누어 담았습니다. 5가지 사고 회로를 배우면 자신이 무엇을 생각할 때의 특징이나 잘하는 사고방식을 파악할 수 있습니다.

사고 회로 5단계에 관해서는 이 책의 8~9쪽에 자세히 적어 두었습니다.

사고 회로 5단계를 사용하여 '사고하는 행위'는 어른이 되어 사회에 나가서도 필요합니다.

컴퓨터 기술이 발전하고 AI가 침투하기 시작한 사회에서 스스로 사고할 수 있는 힘은 점점 더 중요해질 것입니다.

한 명이라도 더 많은 사람이 이 책에 나오는 문제를 통해 논리 사고력을 단련하고 사고하기를 즐기는 경험을 할 수 있기를 바랍니다.

소니 글로벌 에듀케이션

5분 논리 사고력 훈련
- 중급 -

차 례

문제 해결력을 높이는 사고 회로 5단계를 사용하자! ········ 8

제 1 장 스캔 회로

1	이등변 삼각형은 어디에? ········ 13
2	거울 속 시계 ········ 15
3	OX 퀴즈 정답 ········ 17
4	20을 만들자 ········ 19
5	둘레 길이는? ········ 21
6	비가 내리는 날은 도서관으로 ········ 23
7	정육면체를 펼치면? ········ 25

제 2 장 크리에이트 회로

1	달력 퍼즐 ········ 29
2	물의 깊이 ········ 31
3	퍼즐을 맞추자 ········ 33
4	도둑잡기 ········ 35
5	관람차를 타고 ········ 37
6	일곱 명이 가위바위보 ········ 39
7	고른 카드는? ········ 41

제 3 장 리버스 회로

1	세 번째 승부는?	45
2	숫자 미로	47
3	9인용 벤치	49
4	거스름돈이 없어	51
5	팀 나누기	53
6	올바른 식을 만들자	55
7	선물한 캔디는 무슨 맛?	57

제 4 장 노크 회로

1	한붓그리기를 할 수 있게	61
2	숫자 맞히기 게임	63
3	별난 모양 피자를 나누자	65
4	시험 배점	67
5	식을 만들자	69
6	밧줄로 만든 삼각형	71
7	몫은 몇 종류일까?	73

제 5 장 스텝 회로

1	컵케이크	77
2	연필과 공책	79
3	동물 인형	81
4	세 종류의 타일	83
5	수제 쿠키	85
6	선물 무게	87
7	가장 빠른 지름길	89

해답 ······ 97

5단계 사고 회로를 사용하자!

논리 사고력이란 간단히 말하면 문제를 해결하기 위해 조리 있게 생각하는 힘을 뜻합니다. 이 책에서는 논리 사고력을 자세하게 5단계 회로로 나누었습니다.

- 스캔 회로 (독해하기) ………… 문제의 본질 꿰뚫기
- 크리에이트 회로 (떠올리기) ………… 생각하지 못했던 새로운 방법 떠올리기
- 리버스 회로 (역산하기) ………… 문제 해결을 위해 어떻게 하면 좋을지 역산하기
- 노크 회로 (밝혀내기) ………… 온갖 가능성을 모두 밝혀내기
- 스텝 회로 (구성하기) ………… '이렇게 하면, 이렇게 될 거야' 해결 순서 구성하기

각 회로에 관해 간단히 알아봅시다.

TYPE 1  스캔 회로

→ 독해하기

탐정은 뛰어난 추리를 하기 위해 먼저 사건 현장을 샅샅이 조사합니다. 문이 잠겨 있는지, 수상한 물건이 떨어져 있지 않은지 등등 말이죠. 마찬가지로 문제의 글과 그림을 통해 필요한 정보를 독해하는 것이 스캔 회로입니다.

TYPE 2 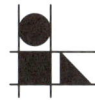 크리에이트 회로

→ 떠올리기

주변 사물을 각각 정면·측면·윗면에서 보면 전혀 다른 모양이 되니 신기한 일이죠. 마찬가지로 문제와 과제를 다른 시점에서 볼 때 생각지 못한 해결 방법이 떠오르기도 합니다. 이것이 바로 크리에이트 회로입니다.

CREATE

TYPE 3 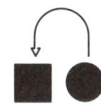 리버스 회로

→ 역산하기

미로에 도전할 때는 무작정 나아가지 않고 도착 지점에서 시작 지점까지의 길을 거꾸로 따라가면 효율적으로 나아갈 수 있습니다. 이렇게 문제가 해결되는 양상을 상상하며 역산하는 것이 리버스 회로입니다.

REVERSE

TYPE 4  노크 회로

→ **밝혀내기**

화장실에 가고 싶을 때! 비어 있는 곳을 찾기 위해 하나하나 문을 두드립니다. 이렇게 모든 가능성을 빠짐없이, 중복 없이 밝혀 내는 것이 노크 회로입니다.

KNOCK

TYPE 5  스텝 회로

→ **구성하기**

계단을 오를 때는 하나씩 밟고 올라가죠. 이때 계단이 한 칸이라도 빠져 있으면 올라가기가 힘이 듭니다. 마찬가지로 문제 해결을 위해 하나하나 순서를 올바르게 구성하는 것이 바로 스텝 회로입니다.

STEP

1

제 1 장 스캔 회로

SCAN

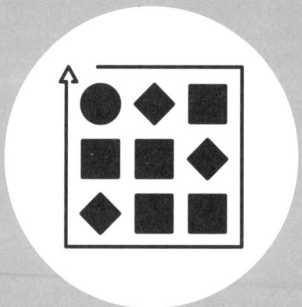

제1장 스캔 회로

문제의 본질 꿰뚫기

01 이등변 삼각형은 어디에?

난이도 ★☆☆

풀이시간 5분

● 점이 찍힌 곳에 핀이 꽂혀 있는, 격자무늬 보드가 있습니다.

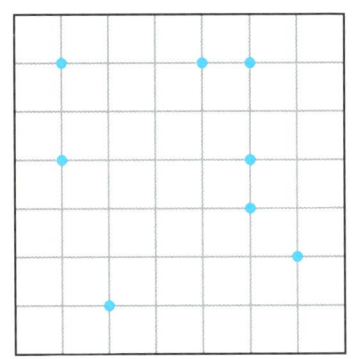

민석이는 핀 3개에 고무줄을 끼워서 이등변 삼각형을 만들었습니다.

문제 민석이가 만든 이등변 삼각형을 그려 보세요.

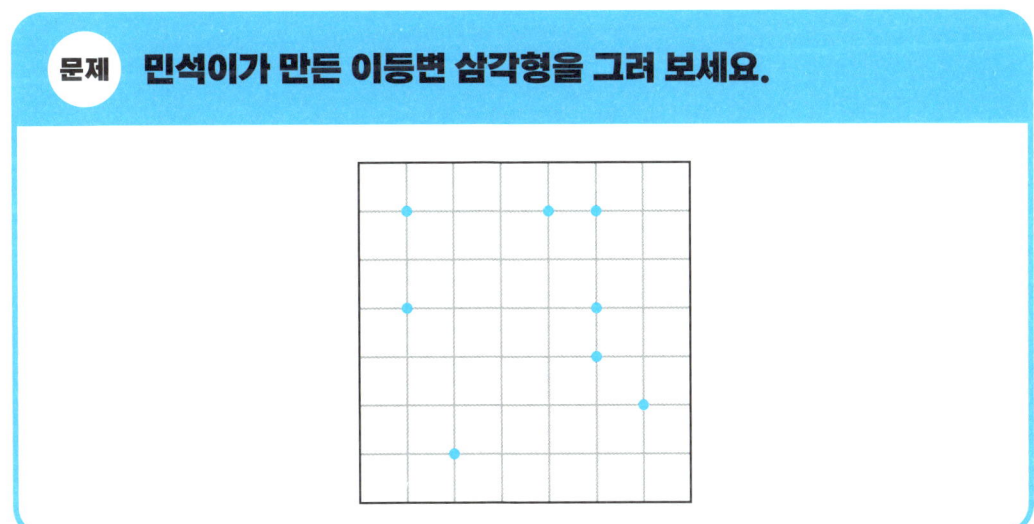

5분 동안 생각해도 모르겠다면 다음 페이지에 있는 힌트로 ➡

\ 힌트 /
1 이등변 삼각형은 어떤 삼각형일까?

이등변 삼각형이란 두 변의 길이가 같은 삼각형을 뜻합니다. 먼저 길이가 같은 두 개의 변을 찾아봅시다.

\ 힌트 /
2 기울어진 선의 길이가 같은지를 판단해 보자.

선이 기울어져 있어 길이를 비교하기 어려울 때는 그 선이 대각선이 되는 직사각형에 주목해 봅시다.
　두 직사각형의 모양과 크기가 똑같다면 대각선 길이도 똑같습니다.

저게 바로 까마귀자리야.

힌트를 봐도 풀지 못하겠다면 해답으로 ➡ 97쪽

02 거울 속 시계

민수가 거울을 봤더니 시계가 이렇게 비쳐 보였습니다.

문제 몇 시 몇 분일까요?

(   )

5분 동안 생각해도 모르겠다면 다음 페이지에 있는 힌트로 ➡

힌트 1
거울에 비친 시계에 숫자를 적어 보자.

시계에 숫자를 적으면 시각을 알 수 있습니다.
보통 시계와 반대되는 위치에 숫자를 적어 봅시다.

힌트 2
실제 시곗바늘은 어떻게 되어 있을까?

힌트 ①에서 적은 숫자를 참고하여 오른쪽 시계에
실제 시곗바늘이 어떻게 되어 있는지 그려 봅시다.

힌트를 봐도 풀지 못하겠다면 해답으로 ➡ 98쪽

03 OX 퀴즈 정답

나연, 연서, 혜미, 유미, 네 명이 OX 퀴즈에 도전했습니다. 네 명이 각 질문에 답한 결과, 나연와 혜미는 다섯 문제, 연서는 여섯 문제를 맞혔습니다.

	1	2	3	4	5	6	7	8	9	10	정답 수
나연	O	O	×	O	O	×	O	×	O	×	5
연서	×	O	O	O	×	O	O	×	O	O	6
혜미	×	O	×	O	O	×	×	×	×	O	5
유미	O	×	×	×	O	×	×	O	×	×	?

문제 유미는 몇 문제를 맞혔을까요?

( ) 문제

\ 힌트 /

1 **전체를 잘 보자.**

사실 이 문제는 각 문제의 정답을 생각하지 않아도 유미가 몇 문제를 맞혔는지 구할 수 있습니다.

　표를 잘 보고 단서를 찾아봅시다.

\ 힌트 /

2 **유미의 답과 연서의 답을 잘 비교해 보자.**

유미의 답이 연서의 답과 정반대라는 사실을 깨달으셨나요?

　즉 연서가 맞힌 문제를 유미는 틀렸고, 연서가 틀린 문제는 유미가 맞혔다는 말이 됩니다.

연서를 무찌르자!

힌트를 봐도 풀지 못하겠다면 해답으로 ➡ 98쪽

04 20을 만들자

아래 그림에서 동그라미 안에 1~9의 숫자를 하나씩 넣습니다.
그림의 동그라미를 이으면 정사각형 6개를 만들 수 있습니다. 어떤 정사각형이든 정사각형의 각 꼭짓점에 있는 4개의 수를 더하면 20이 됩니다.

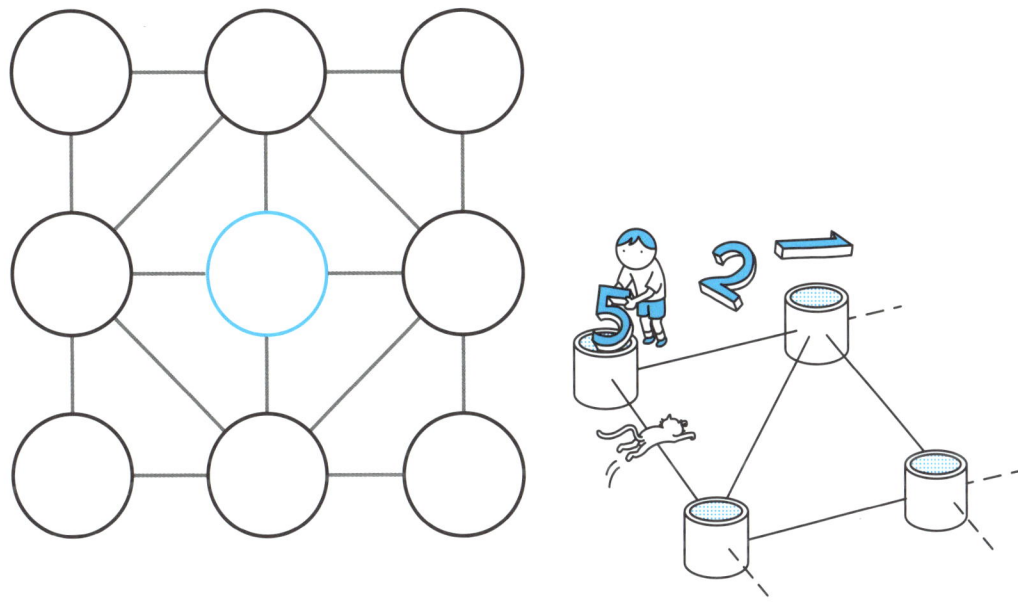

문제 정중앙에 있는 파란 동그라미 안에 들어갈 수는 무엇일까요?

(   )

5분 동안 생각해도 모르겠다면 다음 페이지에 있는 힌트로 ➡

힌트 1

숨어 있는 정사각형 6개를 찾아보자.

문제에 있는 그림 안에 정사각형 6개가 숨어 있습니다. 먼저 정사각형 6개를 찾는 것부터 시작해 봅시다.

힌트 2

정사각형 6개를 통해 정중앙의 파란 동그라미에 들어갈 수를 결정하자.

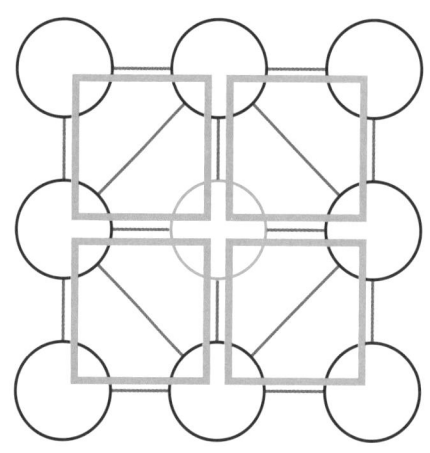 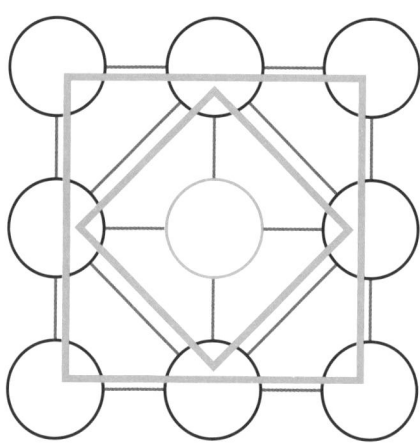

숨어 있는 정사각형은 이렇게 총 6개입니다. 구해야 하는 수는 정중앙에 있는 파란 동그라미 안에 들어갈 수입니다.

오른쪽 그림에 주목해 보면, 정중앙에 있는 파란 동그라미를 제외한 모든 동그라미가 정사각형 2개의 꼭짓점이 된다는 것을 알 수 있습니다.

9개 숫자의 총합에 주목한다면 동그라미에 들어갈 수를 일일이 구하지 않아도 답을 찾을 수 있습니다.

힌트를 봐도 풀지 못하겠다면 해답으로 ➡ 100쪽

05 둘레 길이는?

난이도 ★★★

풀이시간 5분

무영이는 커다란 직사각형 종이를 작은 직사각형 5개로 나누었습니다.
그러자 각 직사각형 5개의 둘레 길이가 이렇게 나타났습니다.

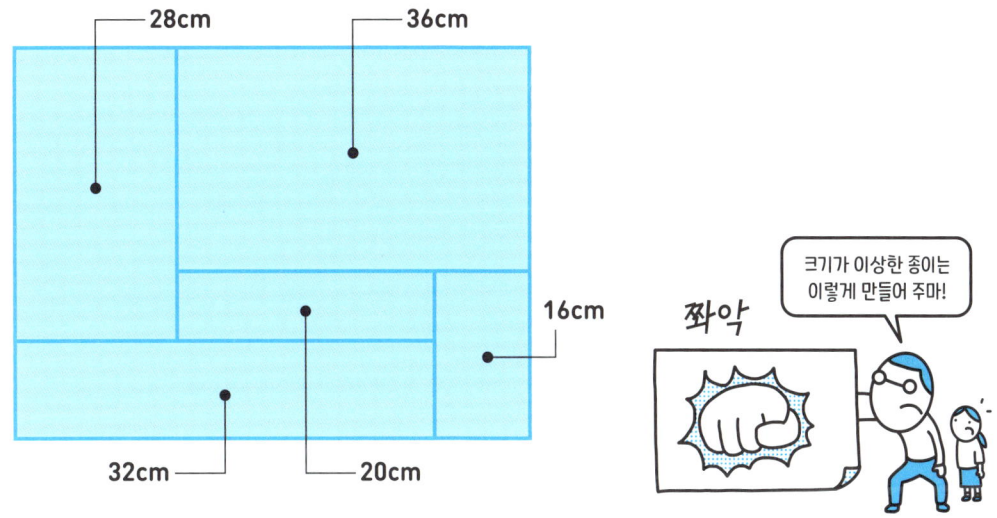

문제 커다란 직사각형의 둘레 길이는 몇 cm일까요?

(　　　　) cm

5분 동안 생각해도 모르겠다면 다음 페이지에 있는 힌트로 ➡

힌트 1

작은 직사각형의 둘레 길이에 주목하자.

직사각형의 둘레 길이는 가로 길이와 세로 길이를 각각 두 번씩 더한 길이와 같습니다.

즉 직사각형의 세로 길이와 가로 길이를 더한 길이는 둘레의 절반 길이에 해당합니다.

예를 들어 문제에 나오는 그림에서 왼쪽 위의 작은 직사각형은 둘레 길이가 28cm이므로 세로 길이(세로Ⓐ)와 가로 길이(가로Ⓐ)를 더한 길이는 28÷2=14(cm)가 됩니다.

세로Ⓐ+가로Ⓐ=14(cm)
↑
28cm의 절반

힌트 2

작은 직사각형의 세로 길이와 가로 길이를 조합하여 커다란 직사각형의 둘레 길이를 생각하자.

힌트 1을 통해 오른쪽 그림에서 두꺼운 부분의 선 길이는 14cm라는 것을 알 수 있습니다.

다른 부분도 작은 직사각형의 세로 길이와 가로 길이를 더하여 나타낼 수 있는지 생각해 봅시다.

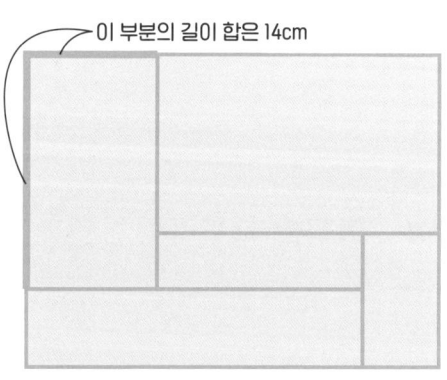

이 부분의 길이 합은 14cm

힌트를 봐도 풀지 못하겠다면 해답으로 ➡ 101쪽

06 비가 내리는 날은 도서관으로

난이도 ★★★
풀이시간 5분

준서는 비가 내리는 날에는 반드시 도서관에 가기로 정했습니다.
준서는 어제 도서관에 갔습니다.

문제 어제는 비가 내렸을까요?
다음 중에서 올바른 것을 하나 고르세요.

내렸다 / 내리지 않았다 / 모른다

5분 동안 생각해도 모르겠다면 다음 페이지에 있는 힌트로 ➡

\ 힌트 /
1 **정보를 정리해 보자.**

조건을 정확히 읽지 않으면 틀리기 쉬운 문제입니다.
　먼저 비가 내리는지 내리지 않는지, 준서가 도서관에 갈지 가지 않을지, 어떤 조합이 있는지 정리해 봅시다.

\ 힌트 /
2 **불가능한 조합은 무엇일까?**

힌트 ①을 통해 만들 수 있는 조합은 모두 4가지입니다.

① 비가 내리고, 도서관에 간다.
② 비가 내리고, 도서관에 가지 않는다.
③ 비가 내리지 않고, 도서관에 간다.
④ 비가 내리지 않고, 도서관에 가지 않는다.

　①과 ②처럼 비가 내리는 날에 관해 생각해 보면 준서는 비가 내리는 날에는 반드시 도서관에 가기로 했으므로 ②는 있을 수 없습니다.
　한편 비가 내리지 않은 날에 관해서는 문제에 아무런 말이 적혀 있지 않으므로 ③과 ④는 둘 다 있을 수 있습니다.

힌트를 봐도 풀지 못하겠다면 해답으로 ➡ **102쪽**

07 정육면체를 펼치면?

난이도 ★★★
풀이시간 5분

종이로 만든 정육면체가 있습니다.
지아는 색깔로 표시된 선을 가위로 잘라 펼쳤습니다.

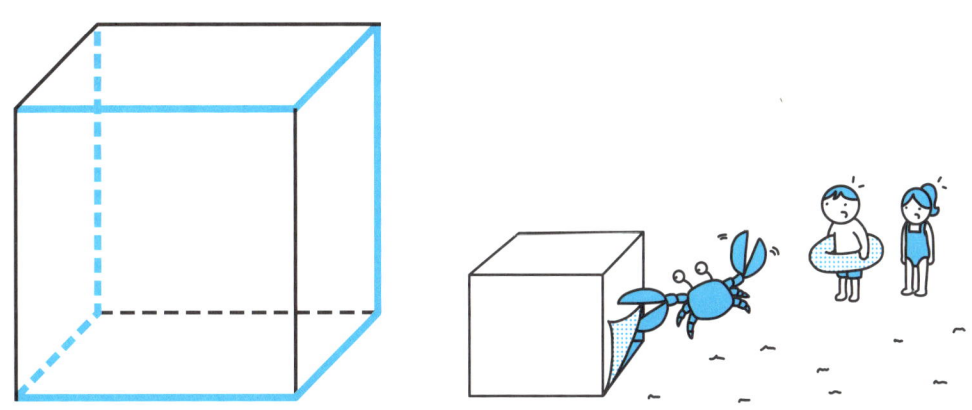

문제 펼치면 어떤 모양이 될까요? ①~④ 중에서 고르세요.

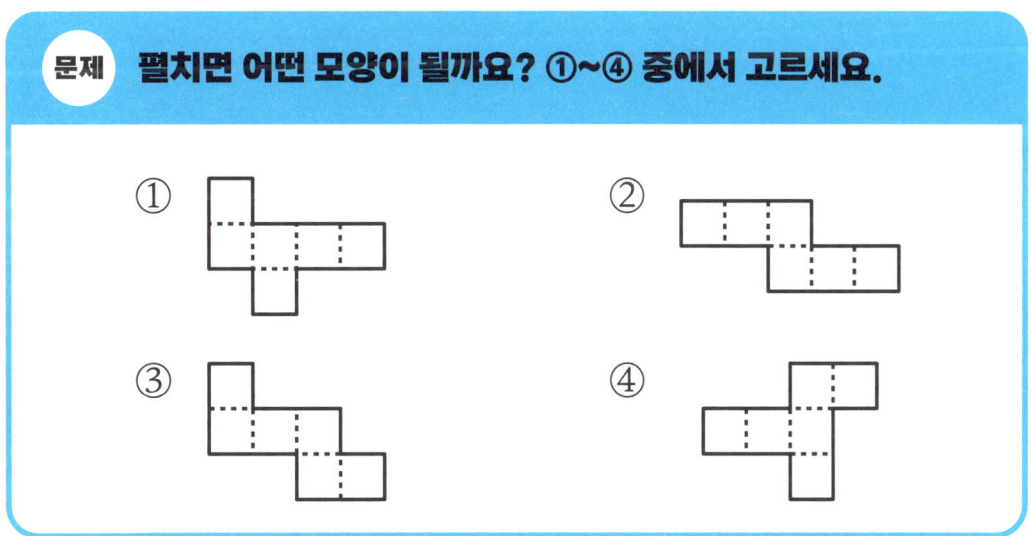

5분 동안 생각해도 모르겠다면 다음 페이지에 있는 힌트로 ➡

힌트 1 먼저 정면을 기준으로 3면을 생각해 보자.

정육면체는 6면이므로 A~F 문자를 면 위에 적어서 생각해 봅시다. 정면에 보이는 A면과 붙어 있는 면은 B면과 C면이라는 것을 알 수 있습니다.

위에 있는 E면과 아래에 있는 F면 하고는 붙어 있지 않다는 것을 알 수 있습니다.

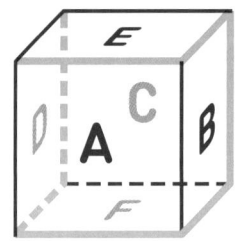 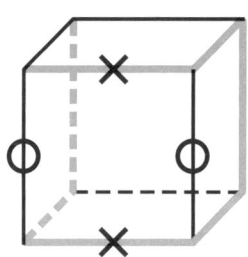

이 3개의 면을 펼치면 오른쪽처럼 나옵니다.

힌트 2 펼친 3개의 면 중 어디에 남은 면이 붙어 있는지 생각해 보자.

가로로 자르지 않은 부분은 D면과 E면의 경계, E면과 C면의 경계, C면과 F면의 경계입니다.

이어진 부분을 펼치면 어떻게 될지 생각해 봅시다.

힌트를 봐도 풀지 못하겠다면 해답으로 ➡ 102쪽

2

제 2 장
크리에이트 회로

CREATE

제 2 장 크리에이트 회로

새로운 방법 떠올리기

01 달력 퍼즐

난이도 ★☆☆

풀이시간 **5**분

어느 달의 달력 일부분을 보니 이렇게 되어 있었습니다.

문제 이달의 1일은 무슨 요일일까요?

(   ) 요일

5분 동안 생각해도 모르겠다면 다음 페이지에 있는 힌트로 ➡

\ 힌트 /

1 세로로 나열되는 숫자를 의식해 보자.

일주일은 7일입니다. 따라서 달력의 위아래에 있는 날짜는 7일 차이가 납니다.

\ 힌트 /

2 퍼즐 세 조각을 위아래로 확장해 보자.

문제에 나온 세 조각은 위아래로 확장할 수 있습니다.
　새로 생긴 빈칸에 날짜를 적어 보고 이을 수 있는 조각이 있는지 찾아봅시다.

( )	( )	( )
( )	( )	( )
( )	( )	( )
23	24	25
( )	31	

( )	( )	( )
( )	( )	( )
19	( )	( )
26	27	28

	1	2
7	8	( )
( )	( )	( )
( )	( )	( )
( )	( )	( )

힌트를 봐도 풀지 못하겠다면 해답으로 ➡ **104쪽**

02 물의 깊이

난이도 ★☆☆

풀이시간 **5**분

진수는 아래 그림처럼 수조에 물을 넣었습니다.

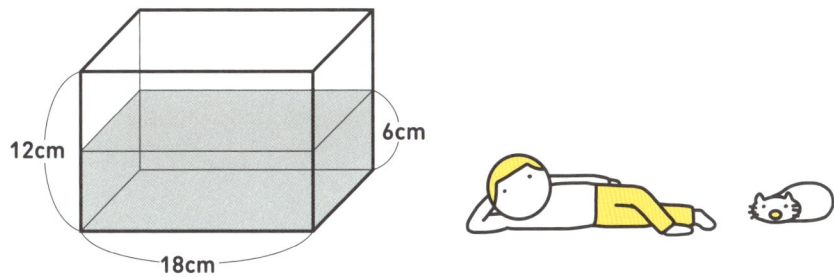

이 수조의 뚜껑을 닫고 방향을 바꾸었더니 이렇게 되었습니다.

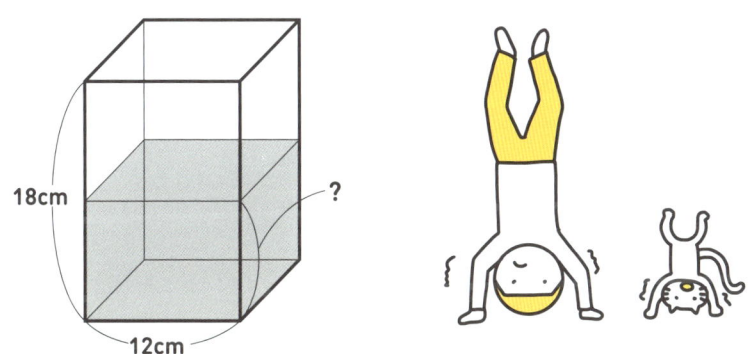

> **문제** 물음표에 들어갈 길이는 몇 cm일까요?
>
> (   ) cm

5분 동안 생각해도 모르겠다면 다음 페이지에 있는 힌트로 ➡

힌트 1 물의 깊이를 구할 수 있는 방법은?

수조의 방향을 바꾼다 해도 수조에 들어 있는 물의 양이나 수조 전체의 부피는 변하지 않습니다.

물의 양은 수조의 깊이를 모르기 때문에 구하기 힘들 것 같습니다. 물의 양을 몰라도 어떻게 하면 깊이를 구할 수 있는지를 생각해 봅시다.

힌트 2 수조에는 물이 얼마나 들어 있을까?

첫 번째 그림에서 수조의 높이는 12cm이고 물은 6cm 깊이까지 들어 있다는 것을 알 수 있습니다.

즉 수조 전체의 절반에 해당하는 물이 들어 있다는 뜻입니다. 이는 방향을 바꾼다 해도 변하지 않습니다.

힌트를 봐도 풀지 못하겠다면 해답으로 ➡ 105쪽

03 퍼즐을 맞추자

난이도 ★★☆

풀이시간 **5분**

Ⓐ와 Ⓑ 모양의 퍼즐이 잔뜩 있습니다.
준서는 Ⓐ와 Ⓑ 퍼즐을 합쳐 총 10개의 퍼즐을 케이스 안에 빈틈없이 딱 맞춰서 넣었습니다.

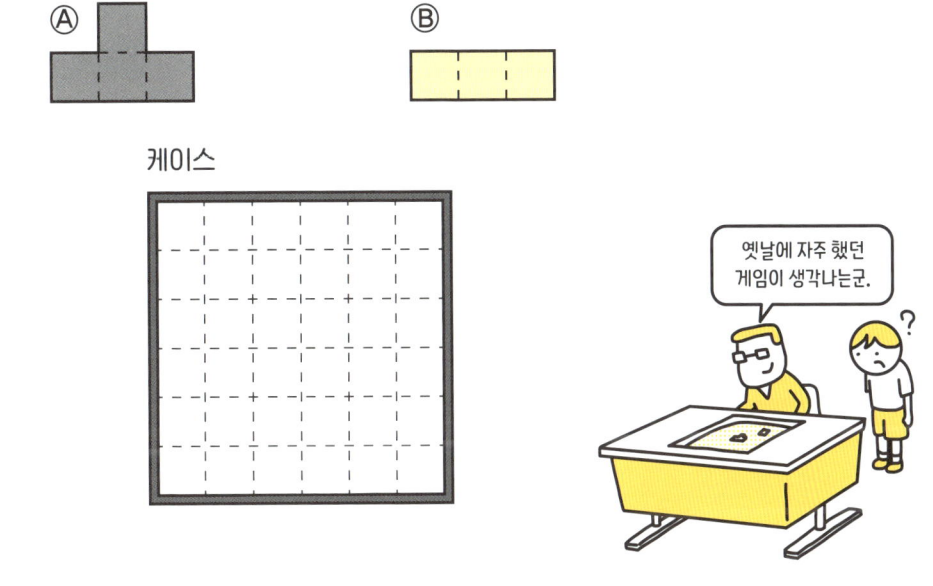

문제 Ⓐ와 Ⓑ 퍼즐은 각각 몇 개가 들어가 있을까요?

Ⓐ 퍼즐 (   ) 개, Ⓑ 퍼즐 (   ) 개

5분 동안 생각해도 모르겠다면 다음 페이지에 있는 힌트로 ➡

힌트 1 퍼즐이 각각 몇 칸 크기인지 주목해 보자.

각 퍼즐을 끼워 보면서 딱 맞는 숫자를 찾기는 어렵습니다.
 일단 퍼즐 모양은 무시하고 크기에만 주목해 봅시다.
 Ⓐ 퍼즐은 4칸, Ⓑ 퍼즐은 3칸이고 케이스는 6×6=36칸입니다.
 칸 개수에만 주목하여 '4칸 퍼즐과 3칸 퍼즐을 더한 10개의 퍼즐로 36칸 케이스에 딱 맞게 넣기 위해서는 각 퍼즐을 몇 개씩 넣어야 하는지'를 생각해 봅시다.

힌트 2 만약에 전부 4칸짜리 퍼즐을 쓰면 어떻게 될까?

만약에 전부 4칸짜리 퍼즐을 사용한다고 가정하면 4×10=40칸이 됩니다.
 케이스에 딱 맞게 넣기 위해서는 여기서 퍼즐 몇 개를 3칸짜리로 바꾸면 될지 생각해 봅시다.

힌트를 봐도 풀지 못하겠다면 해답으로 ➡ 106쪽

04 도둑잡기

난이도 ★★☆

풀이시간 5분

아영, 수미, 미소, 민수, 네 명이 도둑잡기 놀이를 하고 있습니다.
조커를 포함한 카드 53장을 화살표가 향하는 순서대로 한 장씩 받아서 모든 카드를 나누었습니다. 그리고 수중에 있는 카드를 확인하여 같은 숫자가 쓰인 카드는 두 장을 짝 맞추어서 버렸습니다.
그러자 네 명의 수중에 남은 카드 수가 이렇게 되었습니다.

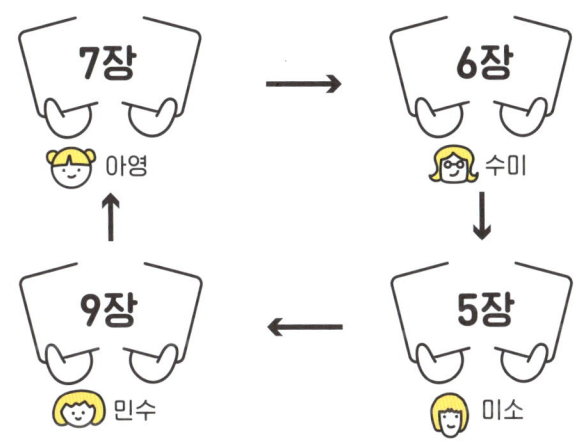

문제 카드를 누구부터 받기 시작했을까요?

(   )

5분 동안 생각해도 모르겠다면 다음 페이지에 있는 힌트로 ➡

힌트 1

짝이 되는 카드를 버리기 전에는 몇 장을 가지고 있었을까?

53장의 카드를 4명에게 나누어 주면 53÷4=13(몫)…1(나머지)이므로 13장을 가지고 있던 사람이 3명, 14장을 가지고 있던 사람이 1명 있었을 터입니다.

이 중에서 가장 먼저 카드를 받은 사람만 14장을 가지고 있었다는 뜻이 됩니다.

힌트 2

카드를 버리면 카드 수는 어떻게 변할까?

카드는 2장을 짝 맞추어서 버립니다.
즉 2장씩 줄어듭니다.
카드 수가 2장씩 줄어든다는 것은, 가지고 있는 카드 수가 홀수인지 짝수인지 상관없이 몇 세트를 버리더라도 변하지 않는다는 뜻입니다.

힌트를 봐도 풀지 못하겠다면 해답으로 ➡ 107쪽

05 관람차를 타고

난이도 ★★★
풀이시간 5분

미소가 관람차를 탔습니다.
미소가 타고 4분 뒤에 태영이 관람차를 탔습니다.
이 관람차는 항상 같은 속도로 움직이며 곤돌라가 가장 낮은 위치에 왔을 때 타고,
한 바퀴를 도는 데는 16분이 걸립니다.

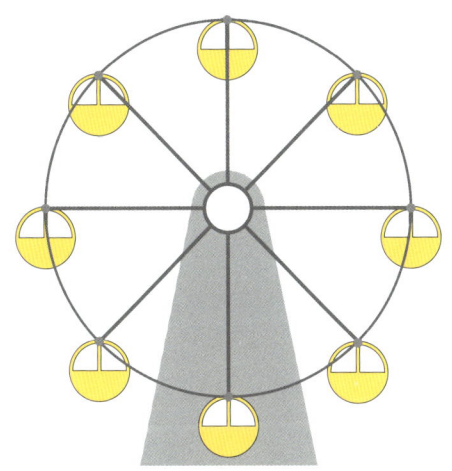

문제 두 사람이 각각 탄 곤돌라의 높이가 같아지는 것은
태영이 관람차에 타고 나서 몇 분이 지났을 때일까요?

(   ) 분 뒤

5분 동안 생각해도 모르겠다면 다음 페이지에 있는 힌트로 ➡

힌트 1
두 사람이 탄 곤돌라의 높이가 같아지는 때는 언제일까?

두 사람이 탄 곤돌라의 높이가 같아지는 순간은 오른쪽 그림처럼 좌우대칭을 이룰 때입니다.

이렇게 되는 것은 미소가 먼저 탄 곤돌라는 아래로 내려가고, 나중에 태영이 탄 곤돌라는 위로 올라갈 때입니다.

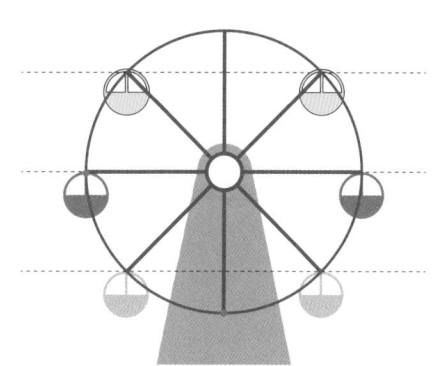

힌트 2
태영이 곤돌라를 탔을 때 두 사람은 얼마나 떨어져 있을까?

곤돌라는 한 바퀴를 도는 데 16분이 걸리고, 미소가 곤돌라를 타고 4분 뒤에 태영이 곤돌라를 탔습니다. 따라서 16÷4=4가 되어 두 사람의 거리는 4분의 1바퀴만큼 떨어져 있습니다.

두 사람이 탄 곤돌라는 이 간격을 유지하며 회전합니다.

이 간격에서 두 사람이 탄 곤돌라의 높이가 같아지는 경우를 생각해 봅시다.

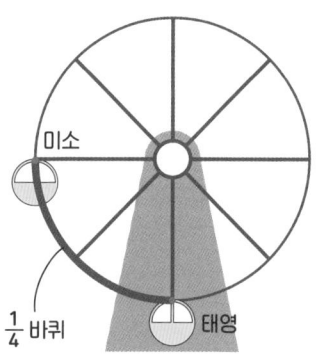

힌트를 봐도 풀지 못하겠다면 해답으로 ➡ 108쪽

06 일곱 명이 가위바위보

난이도 ★★★

풀이시간 **5**분

일곱 명이 가위바위보를 한 번 했습니다.
모든 사람이 내민 손가락 개수의 합은 13이었습니다.

문제 가위, 바위, 보를 낸 사람은 각각 몇 명일까요?

가위 (   ) 명, 바위 (   ) 명, 보 (   ) 명

5분 동안 생각해도 모르겠다면 다음 페이지에 있는 힌트로 ➡

힌트 1
가위, 바위, 보는 각각 손가락을 몇 개씩 낼까?

가위바위보를 할 때 펼치는 손가락을 떠올려 봅시다.
　가위는 2개, 바위는 0개, 보는 5개의 손가락을 펼칩니다.
　즉 이 문제는 0과 2와 5를 7개 조합하여 13을 만들었다고 할 때 각 숫자가 몇 개씩 쓰였는지를 묻는 것으로 바꿀 수 있습니다.

힌트 2
2와 5로 13을 만들자.

0은 몇 번을 더해도 0입니다.
　따라서 일단 2와 5를 더하여 13을 만들어 봅시다.
　5가 0개라면 2는 몇 개? 5가 1개라면 2는 몇 개?
　이렇게 순서대로 생각해 봅시다.

힌트를 봐도 풀지 못하겠다면 해답으로 ➡ 110쪽

07 고른 카드는?

난이도 ★★★
풀이시간 5분

하늘은 아래처럼 펼쳐진 카드 중에서 한 장을 마음속으로 골랐습니다. 그 카드의 숫자는 진수에게, 무늬는 민희에게 알려 주었습니다.

진수 : "숫자만 알아서는 하늘이 무슨 카드를 골랐는지 모르겠는데?"
민희 : "무늬만 알았을 때는 몰랐는데 진수 말을 들으니 알겠어."

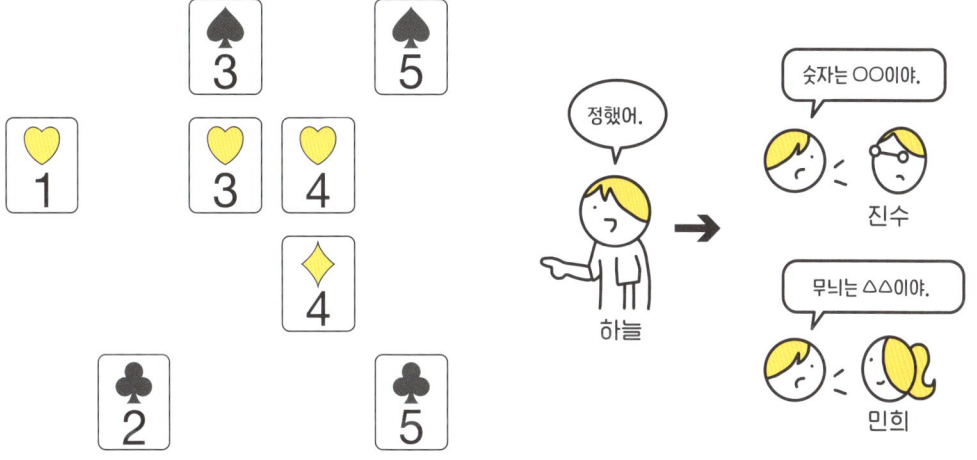

문제 하늘이 고른 카드는 무엇일까요?

(   )

5분 동안 생각해도 모르겠다면 다음 페이지에 있는 힌트로 ➡

힌트 1

숫자만 알아서는 하늘이 무슨 카드를 골랐는지 모르겠다는 말을 통해 알 수 있는 것은?

하늘이 1을 말했다면 하트 1이라는 것을 알 수 있고, 2라고 말했으면 클로버 2라는 것을 알 수 있습니다.

즉 하늘이 고른 카드는 3, 4, 5 중 하나라는 것을 알 수 있습니다.

문제에 나타난 그림에서 아니라고 판명이 난 카드에 × 표시를 하면 오른쪽 그림처럼 나타납니다.

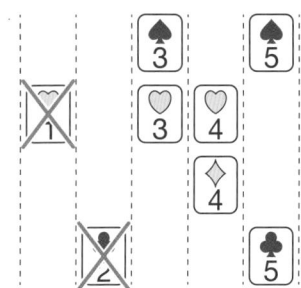

힌트 2

무늬만 알았을 때는 몰랐는데 진수 말을 들으니 알겠다는 말을 통해 알 수 있는 것은?

무늬만 알았을 때는 몰랐다는 말을 통해 무늬가 '다이아몬드'는 아니라는 사실을 알 수 있습니다.

진수 말을 들으니 알겠다는 말과 ①에서 표시한 ×를 통해 딱 하나 남은 무늬인 카드가 정답이라는 것을 알 수 있습니다.

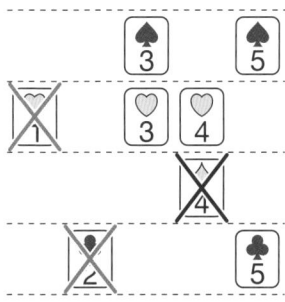

힌트를 봐도 풀지 못하겠다면 해답으로 ➡ 110쪽

3

제 3 장
리버스 회로

REVERSE

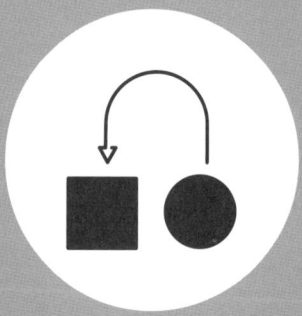

제 **3** 장
리버스 회로

목표에서
해결 방법
역산하기

01 세 번째 승부는?

난이도 ★☆☆
풀이시간 5분

진수, 하늘, 유미, 세 명이 가위바위보를 3번 했습니다.
세 명은 각각 가위, 바위, 보를 한 번씩 냈습니다.
첫 번째는 진수, 한 명이 이겼습니다.
두 번째는 진수와 유미, 두 명이 이겼습니다.

문제 세 번째 결과는 어떻게 되었을까요?
다음 보기 중에서 하나를 고르세요.

한 명만 이겼다 / 한 명만 졌다 / 무승부

5분 동안 생각해도 모르겠다면 다음 페이지에 있는 힌트로 ➡

\힌트/
1 가정을 하여 생각해 보자.

세 명이 무엇을 냈는지에 관한 정보가 하나도 없습니다.
　'만약에 첫 번째에 진수가 낸 것이 바위였다면' 이런 식으로 가정하여 생각해 봅시다.

\힌트/
2 표로 정리해 보자.

세 명은 각각 가위, 바위, 보를 한 번씩 냈습니다.
　세 명이 무엇을 냈고 누가 이겼는지를 표로 정리해 봅시다. 이긴 사람은 동그라미 표시를 합시다.

	첫 번째	두 번째	세 번째
진수	바위 ○		
하늘			
유미			

힌트를 봐도 풀지 못하겠다면 해답으로 ➡ 112쪽

02 숫자 미로

1, 2, 3, 4, ……, 이렇게 순서대로 숫자를 따라가는 숫자 미로가 있습니다.

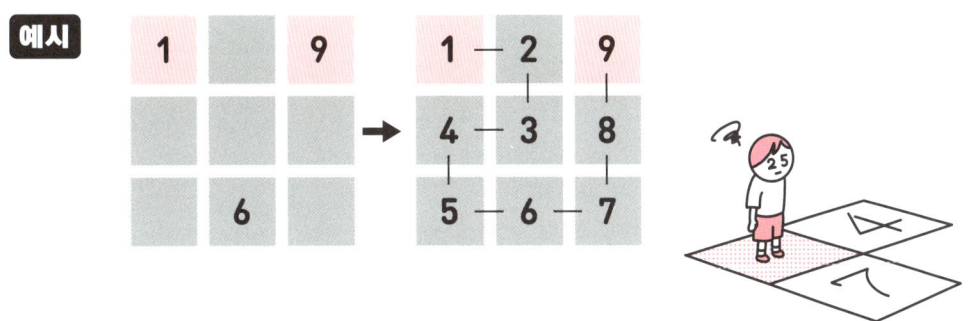

문제 그림의 모든 칸에 숫자를 넣으세요.

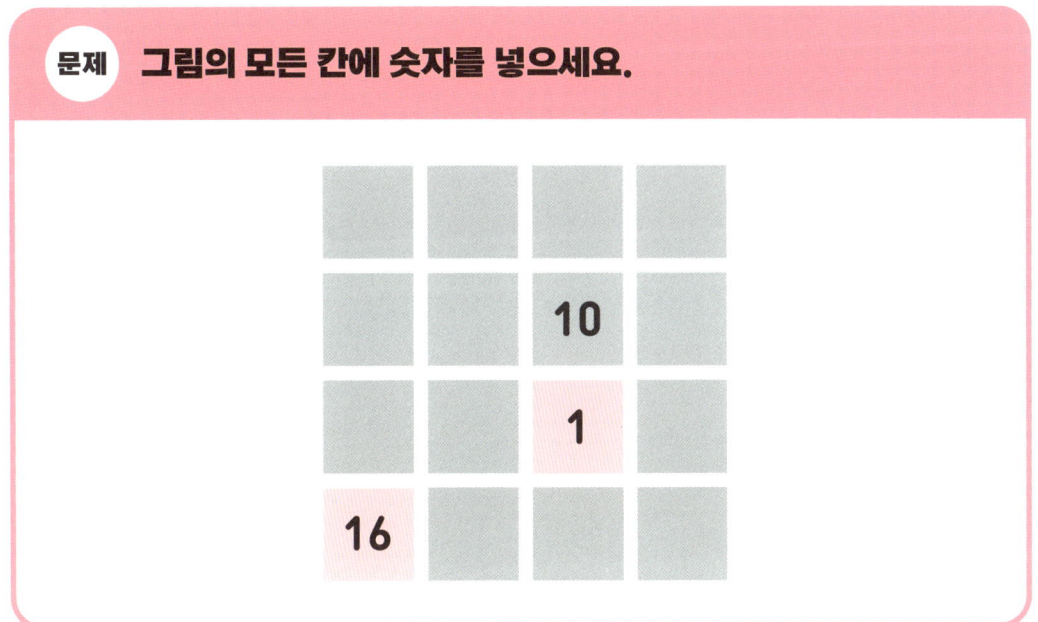

5분 동안 생각해도 모르겠다면 다음 페이지에 있는 힌트로 ➡

\ 힌트 /

1 효율적으로 생각해 보자.

1에서 10까지 가는 길을 찾는 것보다 10부터 목표인 16까지 가는 길을 찾는 편이 칸수가 적어 효율적입니다.

　칸수가 적은 쪽부터 찾는 편이 쉽게 찾을 수 있습니다. 이때 길이 막히는 칸이 나오지 않도록 주의합시다.

\ 힌트 /

2 어느 칸을 어떻게 이을지에 주목하자.

16을 제외하고 네 모퉁이에 있는 칸은 인접한 칸이 두 개밖에 없기 때문에 길이 막히지 않으려면 무조건 인접하는 칸끼리 이어야 한다는 사실을 알 수 있습니다. 아래 그림처럼 이어지는 칸 사이에 선을 그려 둡시다.

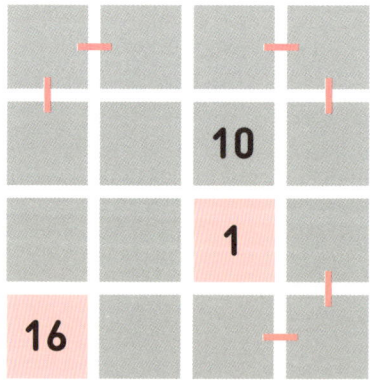

힌트를 봐도 풀지 못하겠다면 해답으로 ➡ 114쪽

03 9인용 벤치

공원에 아홉 명이 앉을 수 있는 벤치가 있고 몇 명이 여기에 앉아 있습니다.
앉아 있는 모든 사람들의 옆자리는 비어 있습니다.
태영도 느긋이 앉아서 쉬고 싶었지만 어느 자리에 앉아도 바로 옆에 누가 앉아 있기 때문에 앉기를 포기했습니다.

문제 벤치에는 몇 명의 사람이 앉아 있을까요?
가능한 범위 안에서 가장 적은 인원수를 답하세요.

(   ) 명

5분 동안 생각해도 모르겠다면 다음 페이지에 있는 힌트로 ➡

힌트 1 그림으로 나타내 보자.

9인용 자리를 동그라미로 나타내 봅시다.

문제 조건에 맞게 사람이 앉아 있는 자리를 칠하며 생각해 봅시다.

힌트 2 어떻게 해야 옆자리가 비게 앉을 수 있을까?

어느 자리에 앉아도 옆에 사람이 있다는 것은 무슨 뜻일까요?
　사람이 있는 자리는 ●, 비어 있는 자리는 ○라고 가정해 보겠습니다.
　만약에 세 명이 앉을 수 있는 자리가 연속으로 비어 있다면,

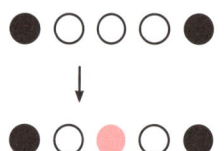

이렇게 정중앙에 있는 자리에 앉을 수 있습니다.
만약에 두 명이 앉을 수 있는 자리가 연속으로 비어 있다면,

이렇게 어느 자리에 앉더라도 옆에 누가 앉아 있는 상황이 됩니다.
위의 정보를 참고하여 9인용 벤치에 앉아 있는 가장 적은 인원수를 생각해 봅시다.

힌트를 봐도 풀지 못하겠다면 해답으로 ➡ 117쪽

04 거스름돈이 없어

난이도 ★★☆

풀이시간 5분

준서, 원영, 상민, 준혁, 네 명이 과자를 사러 과자 가게에 갔습니다.
네 명 모두 250원짜리 과자를 하나씩 사고 싶었습니다. 하지만 지금 과자 가게에는 거스름돈이 아예 없다고 합니다.

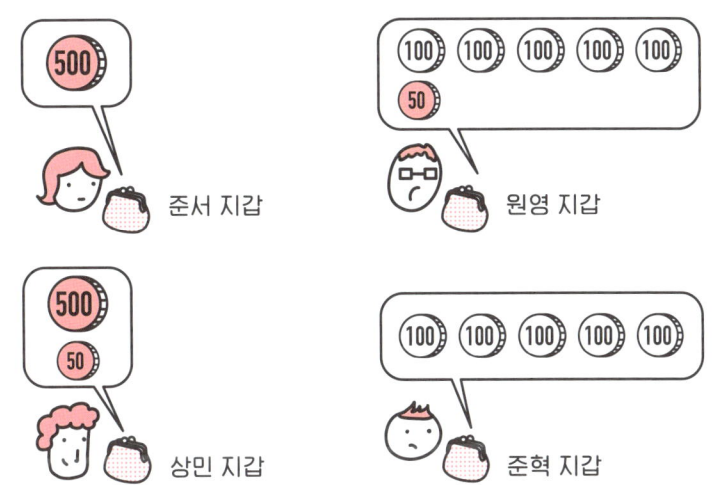

문제 네 명이 어떤 순서로 수미 모두 과자를 살 수 있을까요?
(단, 네 명이 서로 돈을 주고받지 않았다고 가정합니다.)

(　　　） → （　　　） → （　　　） → （　　　）

5분 동안 생각해도 모르겠다면 다음 페이지에 있는 힌트로 ➡

\힌트/
1 가장 먼저 돈을 낼 수 있는 사람부터 생각해 보자.

거스름돈을 받지 않고 가장 먼저 250원을 낼 수 있는 사람은 원영입니다. 따라서 원영이 가장 먼저 돈을 냈다는 것을 알 수 있습니다.

　원영이 돈을 낸 뒤 가게에는 100원 동전 2개와 50원 동전 1개가 생깁니다. 남은 세 명의 순서를 생각해 봅시다.

\힌트/
2 50원 동전을 가지고 있는 상민에게 주목하자.

거스름돈을 생각할 때 50원 동전이 키포인트가 됩니다.

　50원 동전을 가지고 있는 사람은 원영과 상민 두 명뿐입니다.

　준서와 준혁이는 거스름돈으로 50원을 받아야 하기 때문에 원영과 상민도 50원 동전을 냈을 것입니다.

　즉 상민이는 550원을 내고 거스름돈으로 300원을 받았을 것입니다.

힌트를 봐도 풀지 못하겠다면 해답으로 ➡ 118쪽

05 팀 나누기

난이도 ★★★

풀이시간 **5**분

선우와 친구들은 최대한 인원수가 같아지도록 네 개의 팀으로 나뉘어 레크리에이션을 했습니다.

그런데 시간이 남아서 마찬가지로 네 개의 팀을 새로 만들어서 두 번째 레크리에이션을 하기로 했습니다.

첫 번째 레크리에이션에서 같은 팀이었던 사람을 두 번째 레크리에이션에서는 다른 팀이 되도록 하고 싶었지만 아무리 해도 힘들었습니다.

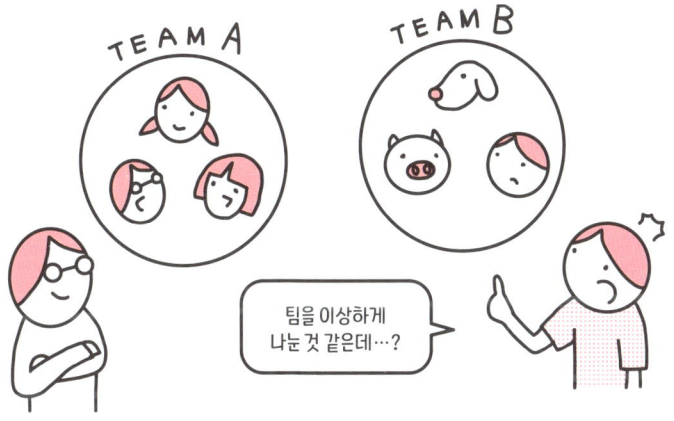

문제 모인 친구들은 몇 명일까요?
생각할 수 있는 인원수 중에서 가장 적은 수를 답하세요.

(   ) 명

5분 동안 생각해도 모르겠다면 다음 페이지에 있는 힌트로 ➡

힌트 1
전체를 생각하지 말고 한 팀을 기준으로 생각해 보자.

전체 인원수를 생각하기에는 어려움이 있기 때문에 첫 번째 레크리에이션의 4개 팀 중에서 한 팀에 속한 사람들을 생각해 봅시다.

그 팀에 속한 사람들이 두 번째 레크리에이션에서 전부 다른 팀에 속할 경우, 그 팀의 인원수는 몇 명이 될까요?

힌트 2
4개 팀으로 뿔뿔이 흩어진다는 의미는?

첫 번째 레크리에이션에서 같은 팀이었던 사람들을 두 번째 레크리에이션에서 4개 팀에 뿔뿔이 흩어지게 만드는 것은 4명이 한계입니다.

5명이 있으면 4개 팀에 뿔뿔이 흩어지게 만드는 것이 불가능하기 때문입니다.

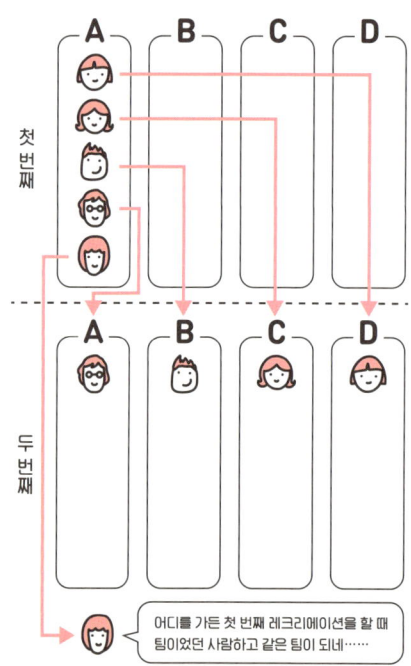

어디를 가든 첫 번째 레크리에이션을 할 때 팀이었던 사람하고 같은 팀이 되네……

힌트를 봐도 풀지 못하겠다면 해답으로 ➡ 120쪽

06 올바른 식을 만들자

난이도 ★★★
풀이시간 5분

가로와 세로로 덧셈을 하는 퍼즐이 있습니다.

문제 □ 안에 1~9를 하나씩 넣어서 가로와 세로로 된 6개의 식을 모두 올바르게 풀어 보세요.

```
□ + □ + □ = 9
+   +   +
□ + □ + □ = 23
+   +   +
□ + □ + □ = 13
=   =   =
15  9   21
```

5분 동안 생각해도 모르겠다면 다음 페이지에 있는 힌트로 ➡

힌트 1

숫자 조합이 적은 식부터 생각해 보자.

후보가 많은 식보다 후보가 적은 식부터 생각하는 편이 좋아 보입니다.

23이 되는 덧셈의 조합은 6, 8, 9뿐입니다. 오른쪽 그림처럼 23 밑에 숫자를 적어 둡시다.

```
□ + □ + □ = 9
+   +   +
□ + □ + □ = 23   6, 8, 9
+   +   +
□ + □ + □ = 13
=   =   =
15  9   21
```

힌트 2

세로 방향도 보며 들어갈 숫자를 정하자.

9가 되는 세로 덧셈식을 보면 정중앙에 들어갈 수는 힌트①을 고려했을 때 6, 8, 9 중 하나입니다.

그러나 8이나 9를 넣으면 그 위아래에 있는 □에 어떤 수를 넣어도 9보다 큰 답이 나옵니다.

따라서 정중앙에 들어가는 수는 6이라는 것을 알 수 있습니다.

그리고 그 위아래에 있는 □에는 1 또는 2가 들어간다는 것을 알 수 있습니다.

```
□ + □ + □ = 9
+   +   +
□ + 6 + □ = 23   6̸, 8, 9
+   +   +
□ + □ + □ = 13
=   =   =
15  9   21
    1, 2, 3̸
```

힌트를 봐도 풀지 못하겠다면 해답으로 ➡ 121쪽

07 선물한 캔디는 무슨 맛?

난이도 ★★★

풀이시간 **5분**

산타 할아버지는 선물 주머니 안에 포도 맛, 딸기 맛, 레몬 맛, 콜라 맛이 나는 네 가지 사탕을 5개씩 가지고 있습니다.

민호에게 같은 맛 사탕을 5개 주었는데, 무슨 맛을 주었는지 까먹고 말았습니다.

산타 할아버지는 가지고 있는 사탕을 선물 주머니 안에서 한 개씩 꺼내서 무슨 맛 사탕을 주었는지 찾기로 했습니다.

문제 민호에게 준 사탕 맛을 어떤 경우라도 무조건 알기 위해서는 적어도 사탕을 몇 개 꺼내야 할까요?

(   ) 개

5분 동안 생각해도 모르겠다면 다음 페이지에 있는 힌트로 ➡

힌트 1
민호에게 준 사탕 맛을 어떻게 하면 알 수 있을까?

민호에게 준 사탕이 무슨 맛인지 알 수 있는 것은 어떤 상황일까요?
　예를 들어 한 개씩 꺼내서 확인할 때 포도 맛이 나왔다면 포도 맛을 제외한 사탕을 주었다는 것을 알 수 있습니다.
　즉 네 가지 맛 사탕 중에서 세 가지 종류를 확인한다면 무슨 맛 사탕을 주었는지 알 수 있습니다.

힌트 2
사탕을 몇 개 확인해야 민호에게 준 사탕 맛을 무조건 알 수 있을까?

운이 좋다면 바로 세 가지 맛 사탕이 나올 것이고, 운이 나쁘다면 세 가지 맛 사탕이 좀처럼 나오지 않을 것입니다. 어떤 경우라도 사탕 맛을 무조건 안다는 것은 가장 운이 나빠도 알 수 있다는 뜻입니다.
　즉 모든 경우의 수 중에서 선물 주머니 안에서 꺼내는 사탕 수가 가장 많아지는 상황을 생각하면 된다는 뜻입니다.

힌트를 봐도 풀지 못하겠다면 해답으로 ➡ **124쪽**

4

제 4 장 노크 회로

KNOCK

제 4 장 **노크 회로**

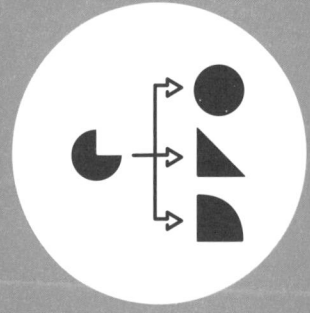

모든 가능성
샅샅이
밝혀내기

01 한붓그리기를 할 수 있게

난이도 ★☆☆

풀이시간 **5**분

아래 그림의 선은 한붓그리기로 그릴 수 없습니다.
그러나 점과 점 사이의 선을 하나만 지우면 한붓그리기를 할 수 있습니다.

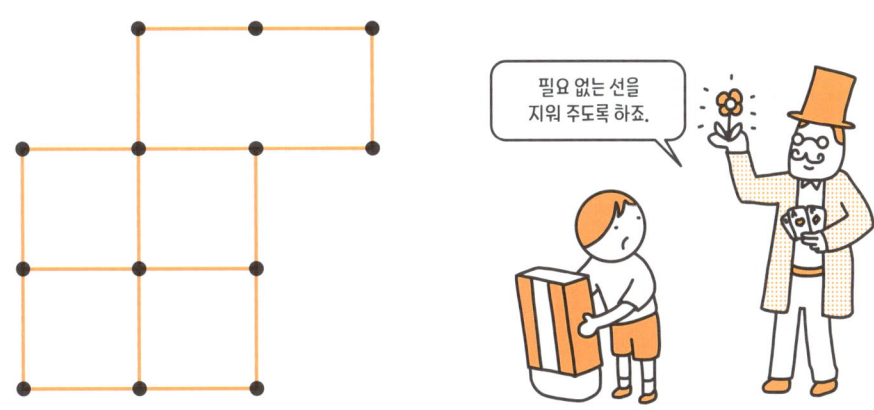

> 필요 없는 선을 지워 주도록 하죠.

문제 어느 선을 지우면 한붓그리기가 가능할까요?
선에 ×로 표시하세요.

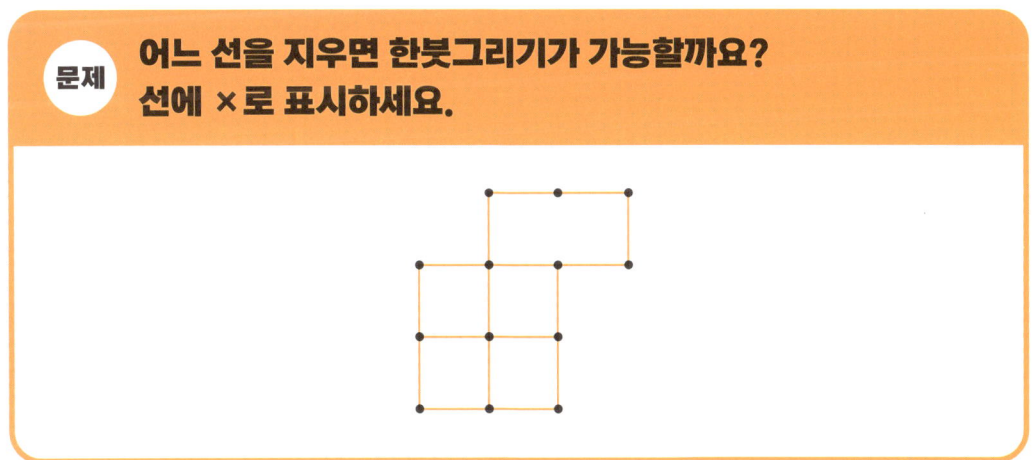

5분 동안 생각해도 모르겠다면 다음 페이지에 있는 힌트로 ➡

\ 힌트 /
1 그릴 수 있는 부분까지 다양하게 시도해 보자.

일단 그림의 모양 그대로 한붓그리기를 할 수 있는 부분까지 다양하게 시도해 봅시다. 만약에 선 하나를 제외하고 모든 부분을 한붓그리기로 그릴 수 있다면 그리지 못했던 선 하나를 지우기만 하면 됩니다.

\ 힌트 /
2 한붓그리기 규칙을 파악하자.

한붓그리기의 규칙은 이렇습니다.

1. 점에서 나오는 선의 개수가 모두 짝수라면 무조건 한붓그리기가 가능하다.
2. 나오는 선의 개수가 홀수인 점이 2개라면 그 홀수 점 중 하나에서 출발하여 다른 홀수 점으로 도착하면 무조건 한붓그리기가 가능하다.
3. 나오는 선의 개수가 홀수인 점이 3개 이상이면 한붓그리기가 불가능하다.

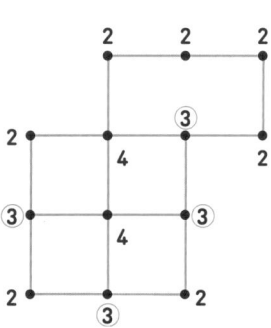

각 점에서 나오는 선의 개수를 보면 오른쪽 그림처럼 3개인 점이 4개 있습니다.

현재 나오는 선의 개수가 3개인 점 4개를 2개로 만들기 위해서는 어느 선을 지워야 할까요?

힌트를 봐도 풀지 못하겠다면 해답으로 ➡ 125쪽

02 숫자 맞히기 게임

난이도 ★☆☆
풀이시간 5분

상호와 준식이 숫자 맞히기 게임을 하고 있습니다.

상호: "준식아, 1에서 9 중에서 서로 다른 숫자 두 개를 떠올려 봐. 두 숫자를 더하면 몇이 나와?"

준식: "12가 나와."

상호: "그러면 큰 수를 작은 수로 딱 나눌 수 있어?"

준식: "나눠지 않네."

상호: "두 숫자가 뭔지 다 알겠다!"

문제 준식이 떠올린 숫자는 무엇과 무엇일까요?

(　　　) 과(와) (　　　)

> 5분 동안 생각해도 모르겠다면 다음 페이지에 있는 힌트로 ➡

힌트 1

두 숫자의 합이 12가 되는 조합을 생각해 보자.

1에서 9까지의 숫자 중에서 서로 다른 수 두 개를 골라 더하여 12가 되는 조합은 (9, 3), (8, 4), (7, 5)입니다.

여기서 이어지는 대화에 들어맞는 조합을 골라 봅시다.

힌트를 봐도 풀지 못하겠다면 해답으로 ➡ 126쪽

03 별난 모양 피자를 나누자

난이도 ★★☆
풀이시간 5분

아래 그림처럼 별난 모양을 한 피자가 있습니다.
다섯 가지 종류의 토핑이 1개씩 올라가고 똑같은 모양이 되도록 네 조각으로 나누고 싶습니다.

문제 나눌 부분에 선을 그으세요.

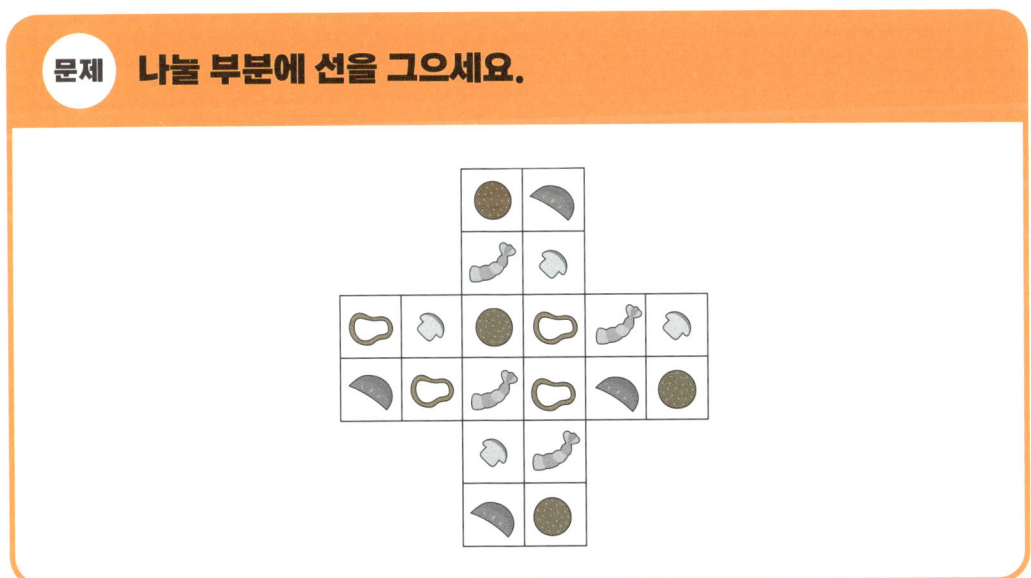

5분 동안 생각해도 모르겠다면 다음 페이지에 있는 힌트로 ➡

\힌트/
1 무엇을 답해야 하는지 확인하자.

다섯 가지 종류의 토핑이 올라가고 똑같은 모양이 되도록 네 조각으로 나누면 되기 때문에 한 조각 크기는 5칸이 됩니다.

\힌트/
2 같은 토핑이 가까이 붙어 있는 부분에 주목하자.

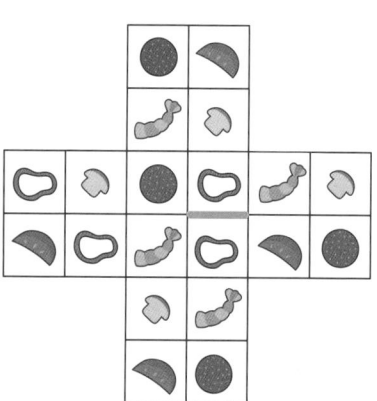

(힌트1)을 고려했을 때 같은 토핑은 각자 다른 조각에 들어가도록 나누어야 합니다.

즉 오른쪽 그림처럼 같은 토핑이 옆에 붙어 있는 부분은 그 사이를 나누어야 합니다.

근처에 같은 토핑이 있는 부분도 힌트가 됩니다. 여러 가지 방법을 시도해 봅시다!

힌트를 봐도 풀지 못하겠다면 해답으로 ➡ 128쪽

04 시험 배점

난이도 ★★☆
풀이시간 5분

하늘, 진수, 니나, 해주는 다섯 문제를 모두 맞혀야 100점을 받는 시험을 봤습니다. 네 명의 점수와 각 문제를 맞혔는지 틀렸는지는 아래 그림에 나타나 있습니다.

	문제 1	문제 2	문제 3	문제 4	문제 5	합계
하늘	○	○	×	×	×	35점
진수	×	○	○	×	○	50점
니나	×	○	○	○	×	55점
해주	×	○	○	×	×	25점

문제 각 문제의 배점은 몇 점일까요?

문제 1 (　　)점, 문제 2 (　　)점, 문제 3 (　　)점,
문제 4 (　　)점, 문제 5 (　　)점

5분 동안 생각해도 모르겠다면 다음 페이지에 있는 힌트로 ➡

힌트 1 두 명을 비교하자.

네 명을 한꺼번에 비교하여 생각하기는 어렵기 때문에 일단 두 명의 정답과 점수를 비교해 봅시다.

문제를 맞히고 틀린 정도가 최대한 많이 겹치는 사람끼리 비교하면 알기 쉽습니다.

힌트 2 진수와 해주의 정답과 점수를 비교해 보자.

진수와 해주의 정답을 비교해 보면 문제 5만 다른데, 진수는 문제 5를 맞혔습니다.
즉 진수와 해주의 점수 차이는 문제 5의 점수라는 것을 알 수 있습니다.

50-25=25점

즉 문제 5는 25점이라는 것을 알 수 있습니다. 이런 식으로 니나와 해주의 점수도 비교해 봅시다.

힌트를 봐도 풀지 못하겠다면 해답으로 ➡ 130쪽

05 식을 만들자

난이도 ★★★
풀이시간 5분

다음 식에서 같은 무늬에는 같은 수, 다른 무늬에는 다른 수가 들어갑니다.

○○ × △△ = ☆○□

문제 식을 올바르게 적으세요.

(   ) × (   ) = (   )

5분 동안 생각해도 모르겠다면 다음 페이지에 있는 힌트로 ➡

힌트 1 : 필산으로 나타내 보자.

오른쪽 세로식에서 두 빈칸에는 모두 ○○×△의 답이 들어갑니다.
빈칸에 어떤 수가 들어갈지 생각해 봅시다.

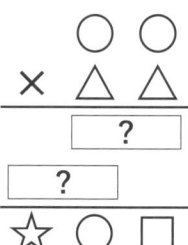

힌트 2 : 빈칸에는 어떤 수가 들어갈까?

식 전체의 답이 ☆○□이므로 세 자리 수입니다. 따라서 ? = ○○ × △는 두 자리 수입니다.

즉 ○ × △는 한 자리 수가 됩니다. 이때 ○○ × △의 답은 한 자리 수와 두 자리 수가 같은 ◎◎로 둘 수 있습니다.

그리고 답의 한 자리 수에 주목하면 ◎ = □라는 것을 알 수 있습니다.

세 자리 수이므로 ○×△는 한 자리 수(◎)

힌트를 봐도 풀지 못하겠다면 해답으로 ➡ 131쪽

06 밧줄로 만든 삼각형

난이도 ★★★
풀이시간 5분

삼각형은 '가장 긴 변의 길이는 다른 두 변의 길이를 더한 합보다 작다'라는 규칙이 있습니다.
우진은 둥글게 만 밧줄을 12등분으로 나누어 점을 찍고, 세 점을 기준으로 꺾은 다음 팽팽하게 당겨서 아래 그림과 같은 삼각형을 만들었습니다.

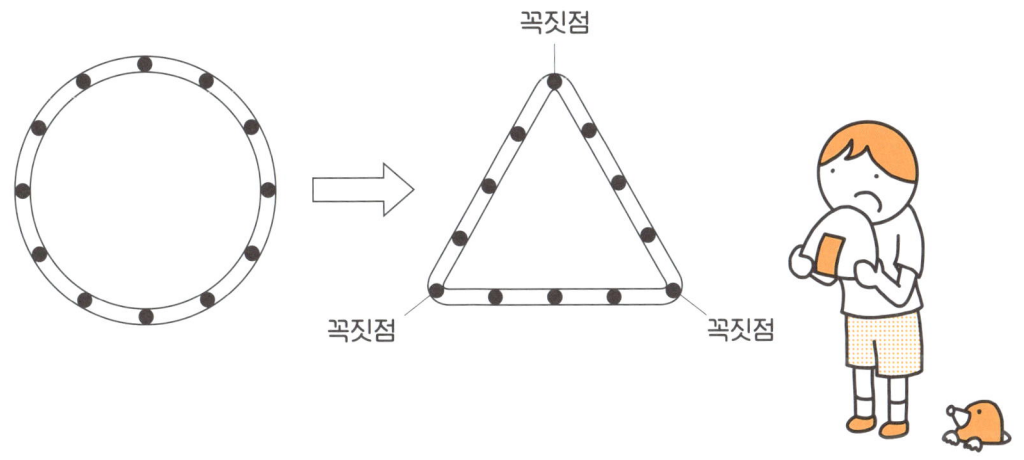

문제 점을 꼭짓점으로 하여 만들 수 있는 삼각형은 몇 개 있을까요?
(단, 회전하거나 뒤집어서 같은 모양이 되는 것은 1개로 계산합니다.)

(　　　) 개

5분 동안 생각해도 모르겠다면 다음 페이지에 있는 힌트로 ➡

\ 힌트 /

1 밧줄의 길이를 12m라고 생각해 보자.

밧줄을 12등분으로 나누는 곳에 점을 찍었다는 것은 점과 점 사이의 길이가 같다는 뜻입니다.
  한 간격의 길이를 1m로 두고 밧줄 전체의 길이를 12m라고 생각해 봅시다.

\ 힌트 /

2 삼각형을 만드는 조건을 생각해 보자.

밧줄을 팽팽하게 당겼기 때문에 삼각형의 모든 변 길이를 더하면 12m입니다.
  또한 점을 찍은 부분이 꼭짓점이 된다는 것은 변의 길이가 소수는 되지 않는다는 뜻입니다.
  더하여 12가 되는 정수 3개의 조합 중에서 문제에 나오는 삼각형의 규칙을 충족하는 것을 적어 봅시다.

힌트를 봐도 풀지 못하겠다면 해답으로 ➡ 133쪽

07 몫은 몇 종류일까?

난이도 ★★★
풀이시간 5분

상미는 아래 식의 □에 1부터 100까지의 수를 넣고 순서대로 계산을 했습니다.

$$100 \div \square = ?(몫) \cdots \triangle (나머지)$$

(?에는 나눗셈의 답인 몫이 들어갑니다.)

문제 몫은 몇 종류 있을까요?

(   ) 종류

5분 동안 생각해도 모르겠다면 다음 페이지에 있는 힌트로 ➡

\ 힌트 /

1 나누는 수와 몫의 관계에 주목해 보자.

100을 10으로 나누면 100÷10=10이기 때문에 몫은 10이 됩니다.
　나누는 수가 10보다 작은 경우와 10보다 큰 경우로 나누어 생각해 봅시다.

\ 힌트 /

2 10보다 작은 수로 나누어 보자.

10보다 작은 수로 나누면 아래처럼 나옵니다.

　　　　100÷9=11(몫)…1(나머지)
　　　　100÷8=12…4
　　　　100÷7=14…2
　　　　100÷6=16…4
　　　　100÷5=20
　　　　100÷4=25
　　　　100÷3=33…1
　　　　100÷2=50
　　　　100÷1=100

　정리하면 100을 10보다 작은 수로 나누었을 때는 몫이 무조건 다른 수가 된다는 것을 알 수 있습니다.
　100을 10보다 큰 수로 나누었을 때는 어떻게 될까요?

힌트를 봐도 풀지 못하겠다면 해답으로 ➡ 134쪽

5

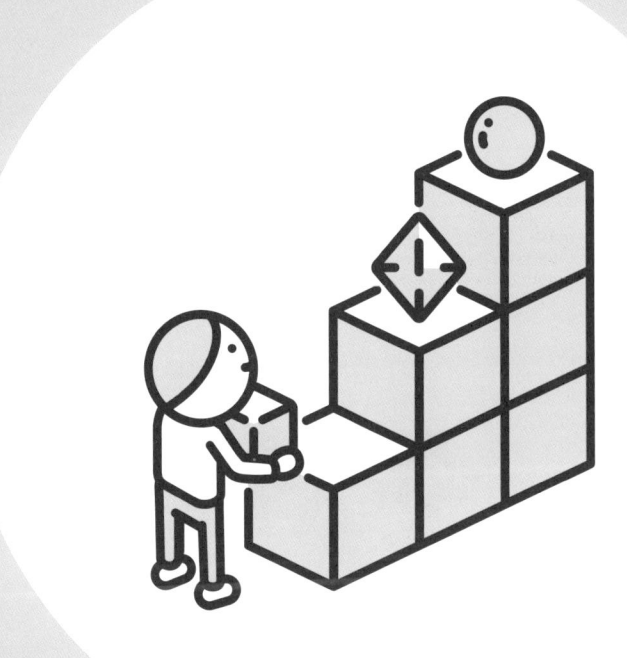

STEP

제 5 장 **스텝 회로**

제 5 장 **스텝 회로**

해결을 위해
순서
구성하기

01 컵케이크

난이도 ★☆☆

풀이시간 **5**분

무영, 정수, 준서, 태영, 네 명은 컵케이크 네 개를 받아서 한 개씩 먹었습니다. 컵케이크는 초콜릿 맛 또는 딸기 맛이었습니다.

무영: "나는 태영이랑 같은 맛이네."

정수: "나는 초콜릿 맛을 먹었어."

준서: "초콜릿 맛과 딸기 맛은 개수가 달랐지."

태영: "준서와 다른 맛을 먹었어."

문제 네 명은 각각 무슨 맛을 골랐을까요?

무영 (　　　) 맛, 정수 (　　　) 맛,
준서 (　　　) 맛, 태영 (　　　) 맛

5분 동안 생각해도 모르겠다면 다음 페이지에 있는 힌트로 ➡

\힌트/
1 **같은 맛을 고른 사람, 다른 맛을 고른 사람에 주목해 보자.**

정수가 한 말을 통해 정수는 초콜릿 맛을 골랐다는 것을 알 수 있습니다.
　다음으로는 같은 맛을 고른 사람, 다른 맛을 고른 사람에 주목해 봅시다.

\힌트/
2 **무영과 태영이 한 말을 주목해 보자.**

무영이 한 말을 통해 무영과 태영은 같은 맛, 태영이 한 말을 통해 준서는 무영·태영과 다른 맛을 골랐다는 것을 알 수 있습니다.
　준서와 무영·태영 중에서 초콜릿 맛과 딸기 맛을 각각 누가 골랐는지 생각해 봅시다.
　준서가 한 말을 통해 초콜릿 맛과 딸기 맛을 고른 사람 수가 다르다는 조건도 고려해 봅시다.

힌트를 봐도 풀지 못하겠다면 해답으로 ➡ 136쪽

02 연필과 공책

난이도 ★☆☆
풀이시간 5분

민석은 문구점에서 연필과 공책을 샀습니다.
공책이 연필보다 100원 더 비쌌고, 공책과 연필은 합쳐서 150원이었습니다.

문제 연필과 공책은 각각 얼마일까요?

연필 (   ) 원, 공책 (   ) 원

5분 동안 생각해도 모르겠다면 다음 페이지에 있는 힌트로 ➡

힌트 1
공책을 두 권 사면 얼마가 나올까?

이 문제는 직감으로 생각하면 틀릴 수 있습니다. 공책이 연필보다 100원 더 비쌉니다. 만약에 연필을 한 개도 사지 않고 공책만 두 권을 샀다고 가정할 때 얼마가 나올까요?

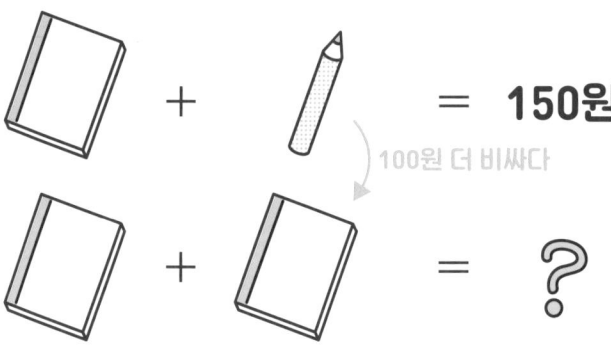

힌트 2
공책 1권의 가격을 구한 뒤에 연필 가격을 구하자.

힌트 1을 통해 공책을 두 권 사면 250원이라는 것을 알고 있으므로 공책 한 권의 가격은 250÷2=125(원)이라는 것을 알 수 있습니다.
그렇다면 연필 한 개의 가격은 얼마가 될까요?

힌트를 봐도 풀지 못하겠다면 해답으로 ➡ **137쪽**

03 동물 인형

난이도 ★★☆

풀이시간 5분

혜미, 정수, 소정은 동물 인형을 샀습니다.
인형은 곰, 고양이, 강아지, 세 종류가 있고 원하는
옷으로 갈아입힐 수 있습니다.
셔츠 무늬는 별, 하트 음표가 있고 바지 무늬는 민무늬,
체크, 스트라이프가 있습니다.
세 명 모두 각각 다른 동물, 셔츠, 바지를 골랐습니다.

혜미
"나는 강아지 인형을 골랐어. 셔츠 무늬는 음표로 골랐어."

정수
"체크무늬 바지랑 별무늬 티셔츠 조합을 고른 사람이 있어."

소정
"정수의 곰 인형이 입은 스트라이프 무늬 바지, 멋지네."

문제 소정이 고른 인형과 인형의 차림은 어땠을까요?

동물 (　　　　), 셔츠 (　　　　), 바지 (　　　　)

5분 동안 생각해도 모르겠다면 다음 페이지에 있는 힌트로 ➡

힌트 1

표를 만들어 알 수 있는 것부터 정리해 봅시다.

먼저, 혜미가 강아지 인형과 음표 무늬 셔츠를 골랐다고 말한 내용을 아래 표처럼 정리할 수 있습니다.

	동물	셔츠	바지
혜미	강아지	음표	
정수			
소정			

마찬가지로 정수와 소정이 한 말을 통해 알 수 있는 내용을 정리하여 채워 넣어 봅시다.

힌트를 봐도 풀지 못하겠다면 해답으로 ➡ 138쪽

04 세 종류의 타일

난이도 ★★☆
풀이시간 5분

스페이드, 하트, 다이아몬드, 세 종류의 무늬로 구성된 육각형 타일이 잔뜩 있습니다. 꿀벌 달콤이는 같은 무늬가 서로 맞닿지 않도록 타일을 붙였습니다.

우리 집이 뭔가 이상해.

문제 물음표에는 어떤 무늬 타일을 붙였을까요?

(   )

5분 동안 생각해도 모르겠다면 다음 페이지에 있는 힌트로 ➡

힌트 1

스페이드 타일 주변부터 생각해 보자.

스페이드 타일 옆에는 하트와 다이아몬드 타일이 옵니다.
즉 아래쪽에 색칠된 타일들 중 하나는 하트 무늬고, 다른 쪽은 다이아몬드 무늬입니다.

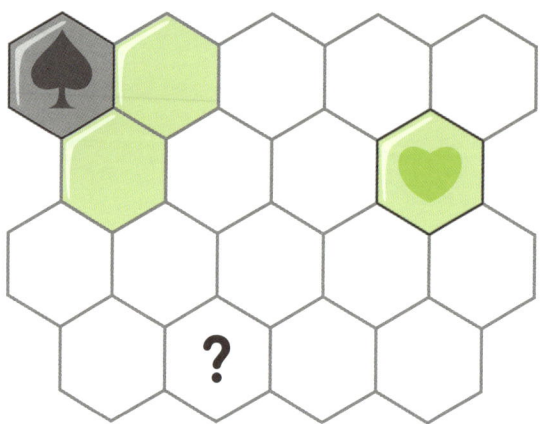

색칠된 두 타일에 맞닿는 타일은 하트 무늬, 다이아몬드 무늬가 아니기 때문에 스페이드 무늬 타일만 붙일 수 있다는 사실을 알 수 있습니다.

힌트를 봐도 풀지 못하겠다면 해답으로 ➡ 139쪽

05 수제 쿠키

유미가 쿠키를 구웠습니다.
모양은 동그라미, 네모, 별이 있으며, 맛은 우유 맛, 초콜릿 맛, 홍차 맛이 있습니다.
동그란 쿠키는 27개, 네모난 쿠키는 17개, 별 모양 쿠키는 19개입니다.
우유 맛 쿠키는 22개, 홍차 맛 쿠키는 17개입니다.
또한 동그란 우유 맛 쿠키는 11개, 네모난 초콜릿 맛 쿠키는 5개, 별 모양 홍차 맛 쿠키는 3개, 동그란 초콜릿 맛 쿠키는 10개가 있습니다.

문제 별 모양 우유 맛 쿠키는 몇 개를 구웠을까요?

(   ) 개

힌트 1

표로 정리해 보자.

모양은 동그라미, 네모, 별, 세 종류가 있고 맛은 우유 맛, 초콜릿 맛, 홍차 맛, 세 종류가 있습니다.

문제를 잘 읽으면 총 개수를 파악할 수 있을 것 같습니다. 아래처럼 표를 만들어 봅시다.

	우유 맛	초콜릿 맛	홍차 맛	합계
동그라미				
네모				
별				
합계				

표를 만들었다면 문제를 통해 알 수 있는 각 쿠키 개수를 순서대로 채워 넣어 봅시다.

힌트를 봐도 풀지 못하겠다면 해답으로 ➡ 140쪽

06 선물 무게

10g, 20g, 30g, 40g의 선물이 각각 1개씩 있습니다.
접시저울 위에 올려 보니 아래 그림처럼 균형을 이루었습니다.

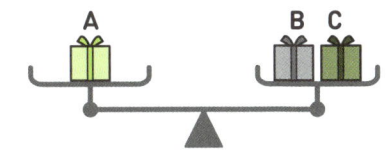

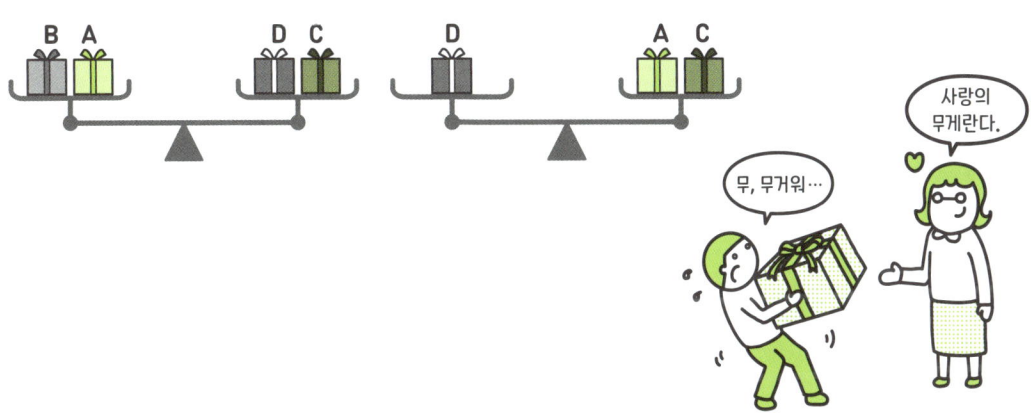

문제 선물 무게는 각각 몇 g일까요?

A (   ) g, B (   ) g, C (   ) g,
D (   ) g

힌트 1 — 균형을 이룬다는 점을 잘 이용해 보자.

모든 접시저울이 균형을 이루고 있습니다.
 즉 왼쪽 선물 무게의 합과 오른쪽 선물 무게의 합이 같다는 뜻입니다.
 같은 무게를 가진 선물은 위치를 바꾸어 생각할 수 있습니다.
 예를 들어 위에 있는 저울은 균형을 이루고 있으므로 A는, B와 C의 위치와 바꿀 수 있습니다.
 실제로 선물의 위치를 바꾸면서 생각해 봅시다.

힌트 2 — 접시저울 양쪽에 같은 선물이 있다면 빼 버리자.

힌트 1 을 통해 A는, B와 C로 바꿀 수 있다는 것을 알았습니다.
 예를 들어 아래 왼쪽 저울에 있는 A를 (B, C)로 바꾸면 저울의 왼쪽에는 B, B, C가 올라가고 오른쪽에는 D, C가 올라갑니다. 두 접시에 C가 공통으로 올라가 있으므로 두 접시에서 C를 빼도 균형을 이룹니다. 이렇게 하면 (B, B)와 D가 균형을 이루므로 D는 B 무게의 두 배라는 것을 알 수 있습니다.

힌트를 봐도 풀지 못하겠다면 해답으로 ➡ 141쪽

07 가장 빠른 지름길

난이도 ★★★
풀이시간 5분

근석은 집에서 도서관까지 걸어서 갑니다.
각각의 길을 걷는 데 걸리는 시간은 아래 그림과 같습니다.

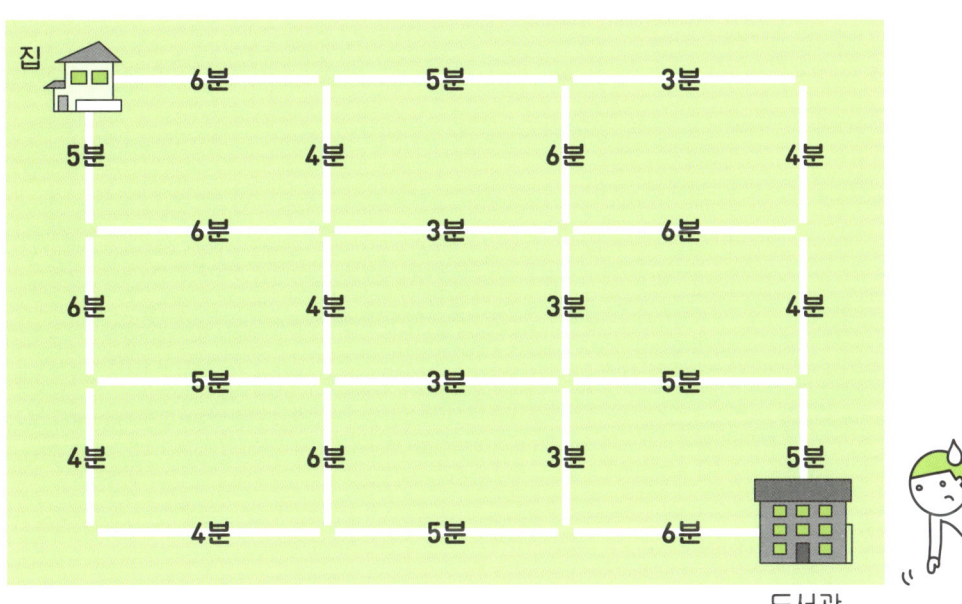

문제 시간이 가장 적게 걸리는 길을 지나면
몇 분 만에 도서관에 도착할까요?

(   ) 분

5분 동안 생각해도 모르겠다면 다음 페이지에 있는 힌트로 ➡

힌트 1

각 교차점에 도착하는 시간 중 빠른 쪽을 적어 보자.

먼저, 직진으로 걸어갔을 때 각 교차점에 도착하는 데 걸리는 시간을 적어 봅시다.(오른쪽 위 그림)

다음으로, 각 교차점에 도착하는 시간 중 빠른 쪽을 적습니다.

예를 들어 집에서 오른쪽 아래에 있는 교차점에 갈 경우,

오른쪽으로 갔다가 아래쪽으로 가면 6+4=10(분)

아래쪽으로 갔다가 오른쪽으로 가면 5+6=11(분)

따라서 지나가지 않는 길에는 ×로 표시하고 빨리 도착하는 쪽의 시간인 ⑩을 적습니다.(오른쪽 아래 그림)

마찬가지로 각 교차점에 도착하는 시간 중 빠른 쪽을 적어 봅시다.

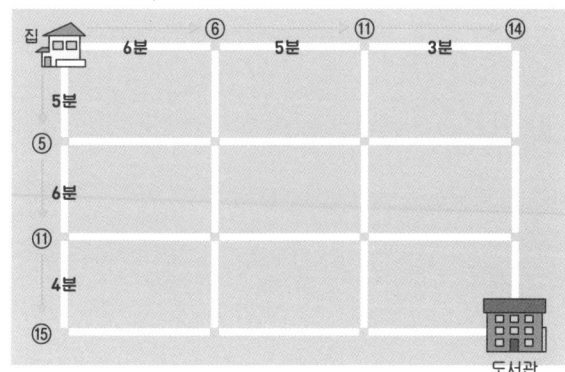

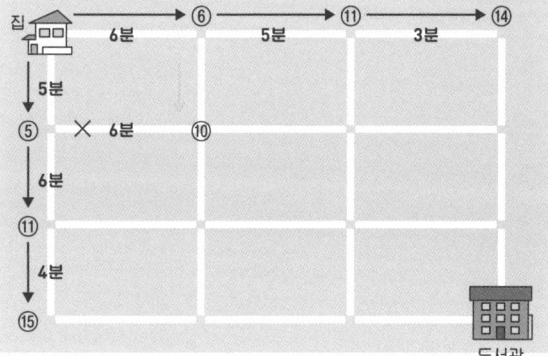

힌트를 봐도 풀지 못하겠다면 해답으로 ➡ 142쪽

맺음말

수많은 문제에 도전하신 여러분, 감사합니다.

조금 어려운 문제를 두고 고민을 거듭하다 실마리를 발견할 때의 기쁨을 조금은 느껴 보셨나요? 그리고 천천히 고민한 다음에 해설을 보고는 아차 하고 깨달은 적이 있나요? 이 회로는 잘 쓰는 것 같고, 이 회로는 쓰는 데 좀 서툰 것 같은 것 같기도 하지요? 내 사고방식의 습관도 알게 되었을 것입니다.

"사고가 즐겁다. 사고하다 보니 이해력이 깊어졌다."
이처럼 사고하는 것이 예전보다 좋다고 느끼셨다면 더할 나위 없을 것 같습니다.

사고는 어린이부터 어른까지, 학교에서든 회사에서든, 혼자 있건 함께 있건,
살아가며 겪는 온갖 일들을 더 잘 해결하기 위해 하는 것입니다.
살다가 난처한 일을 겪거나 고민을 겪을 때 사람은 어떤 식으로 사고하는가를 아는 것이 문제 해결에 다가가는 힌트가 될 것입니다.

사람은 무언가를 생각할 때 반드시 이러한 단계를 거칩니다.
주변의 상황을 조사하고(스캔 회로), 해결하기 위한 수단을 생각하며(크리에이트 회로, 리버스 회로, 노크 회로), 이를 하나씩 실행(스텝 회로)합니다.
5가지 사고 회로는 이 순서를 분해한 것입니다.

사고 회로 5단계를 능숙하게 사용하면 사고를 하다 어느 단계에서 잘못되었는지, 다음 순서로 나아가기 위해서 어느 회로를 발휘하면 좋을지를 알게 됩니다. 또한 전 단계로 돌아가는 것이 좋은지, 계속 나아가는 것이 좋은지를 판단할 수 있습니다. 그리고 '사고를 할 때' 무엇을 해야 할지 알 수 있습니다.

이 책에 실린 문제를 통해 사고의 구조를 깨달은 여러분이라면 문제 해결이 필요한 어떤 상황에서도 사고력을 발휘할 수 있을 것입니다.

마지막으로,
저희의 마음을 헤아리고 이 책을 쓰는 데 많은 도움을 주신 분들께 감사의 말씀을 전합니다.

소니 글로벌 에듀케이션

5

해답

SOLUTION

해답

제1장 스캔 회로

01 이등변 삼각형은 어디에?

정답

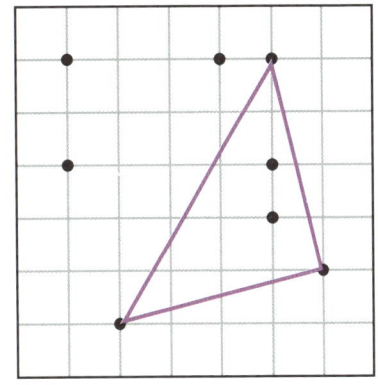

해설

다양한 방법을 시험해 보며 찾아봅시다. 선이 대각으로 되어 있어서 길이를 비교하기 힘들 때는 그 선이 대각선이 되는 직사각형에 주목해 봅시다.

두 직사각형의 모양과 크기가 같을 경우에는 대각선의 길이도 같습니다.

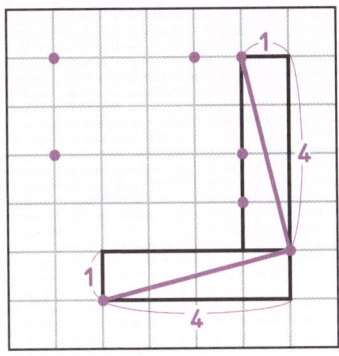

위의 그림에서 보이는 기울어진 두 선은 모양과 크기가 같은 직사각형의 대각선에 해당하므로 길이가 같다는 것을 알 수 있습니다.

이 두 선을 변으로 하는 삼각형은 이등변 삼각형이 됩니다.

02 거울 속 시계

해설

실제 시계의 시곗바늘은 아래처럼 되어 있을 것입니다.

즉 2시 25분이라는 것을 알 수 있습니다.

정답

2시 25분

03 OX 퀴즈 정답

해설

유미의 답은 연서의 답과 정반대입니다.
 즉 연서가 맞힌 문제를 유미는 틀렸고, 연서가 틀린 문제는 유미가 맞혔다는 말이 됩니다.
 연서가 여섯 문제를 맞혔다는 것은 열 문제에서 여섯 문제를 뺀 네 문제를 틀렸다는 말입니다.
 연서가 틀린 문제를 유미는 맞혔기 때문에 유미는 네 문제를 맞혔다는 사실을 알 수 있습니다.

정답

4문제

04 20을 만들자

해설

그림의 동그라미를 연결하면 생기는 정사각형은 【그림1】,【그림2】를 합쳐 모두 6개입니다.

【그림1】

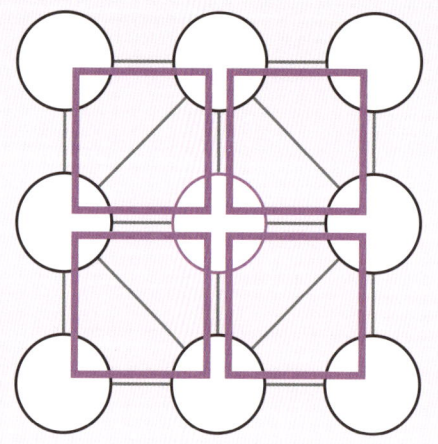

【그림2】

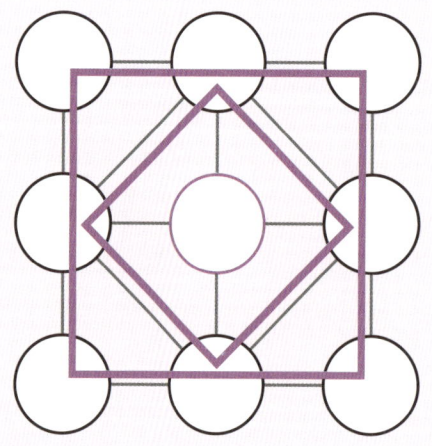

【그림2】에 주목해 봅시다.

커다란 정사각형의 꼭짓점 해당하는 동그라미가 4개, 중간 크기 정사각형의 꼭짓점이 4개, 그리고 정중앙의 동그라미 1개로 이루어져 있습니다.

정사각형의 꼭짓점에 있는 동그라미 4개의 숫자를 더하면 20이 됩니다.

즉 커다란 정사각형의 꼭짓점에 해당하는 동그라미의 합계, 중간 크기 정사각형의 꼭짓점 합계도 모두 20이 됩니다.

1~9의 숫자 9개 합계는 1+2+3+4+5+6+7+8+9=45이므로 정중앙의 동그라미 숫자는 45-20-20=5라는 것을 알 수 있습니다.

동그라미 안의 숫자를 일일이 결정하지 않아도 답을 구할 수는 있지만 혹시 모르니 숫자를 넣어 보겠습니다. 예를 들면 오른쪽 그림처럼 숫자를 넣을 수 있겠죠.

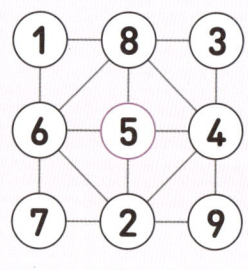

작은 정사각형 4개에서도 각 꼭짓점에 있는 숫자 4개의 합은 20이 된다는 것을 확인해 봅시다.

정답

5

05 둘레 길이는?

해설

커다란 직사각형은 작은 직사각형 4개의 세로와 가로 변에 둘러싸인 모양을 하고 있습니다.

아래 그림과 같이 커다란 직사각형의 둘레를 Ⓐ~㉠로 나누어 생각합니다.

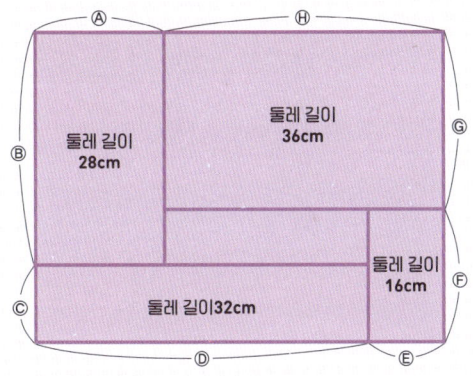

Ⓐ+Ⓑ=28÷2=14(cm)
Ⓒ+Ⓓ=32÷2=16(cm)
Ⓔ+Ⓕ=16÷2=8(cm)
Ⓖ+㉠=36÷2=18(cm)

따라서 커다란 직사각형의 둘레 길이는 14+16+8+18=56(cm)입니다.

정답

56cm

06 비가 내리는 날은 도서관으로

> **해설**

비가 내리는지, 내리지 않는지, 준서가 도서관에 갈지, 가지 않을지에 관해 어떤 조합을 만들 수 있는지 정리해 봅시다.

① 비가 내리고, 도서관에 간다
② 비가 내리고, 도서관에 가지 않는다
③ 비가 내리지 않고, 도서관에 간다
④ 비가 내리지 않고, 도서관에 가지 않는다

①과 ②의 경우처럼 비가 오는 날에 관해 생각해 보면 준서는 비가 오는 날에는 반드시 도서관에 간다고 했으므로 ②는 있을 수 없는 일입니다.

한편 비가 내리지 않은 날에 관해서는 아무것도 적혀 있지 않으므로 ③과 ④는 둘 다 있을 수 있는 일입니다.

어제는 도서관에 갔으므로 ①과 ③의 경우 중 하나에 해당하는데, 문제를 아무리 읽어도 ①과 ③ 중에서 무엇이 옳은지는 여기서 더 알 방법이 없습니다.

따라서 어제 비가 내렸는지, 내리지 않았는지는 '모른다'라고 대답하는 것이 정답입니다.

> **정답**

모른다

07 정육면체를 펼치면?

> **해설**

연결된 면을 의식하며 생각해 봅시다. 각 면에 아래 그림처럼 A~F 문자를 적어 봅시다.

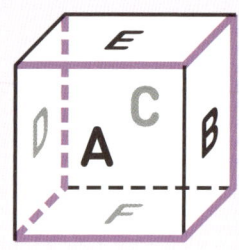

먼저 옆으로 펼쳐 보면 아래 그림처럼 나옵니다.

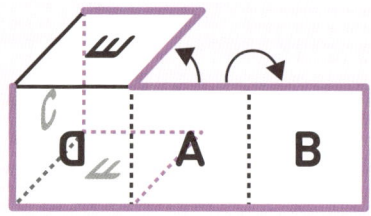

D면과 이어지는 E면을 앞으로 펼치면 아래 그림처럼 나옵니다.

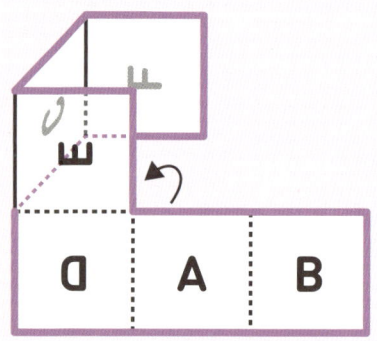

마지막으로 C면과 F면을 쭉 펼칩니다.

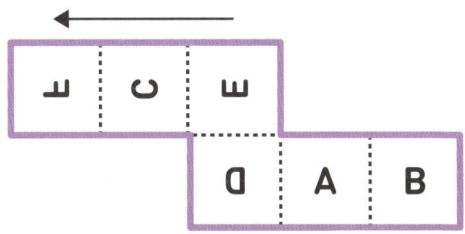

이 그림은 ②와 똑같은 모양입니다.

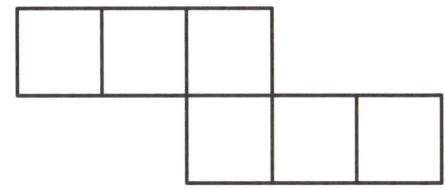

정답

②

제2장 크리에이트 회로

01 달력 퍼즐

> 해설

일주일은 7일이므로 달력 위아래의 날짜는 7일 차이가 납니다.

문제에서 주어진 3가지 퍼즐에 위아래로 날짜를 채워 넣으면 이렇게 됩니다.

이 세 가지 퍼즐을 같은 날짜가 겹치도록 달력에 끼워 맞추면 이렇게 됩니다.

일	월	화	수	목	금	토
			1	2	3	4
5	6	7	8	9	10	11
12	13	14	15	16	17	18
19	20	21	22	23	24	25
26	27	28	29	30	31	

달력을 보면 알 수 있듯이 이달의 1일은 수요일입니다.

> 정답

수요일

02 물의 깊이

해설

첫 번째 그림에서 물은 수조 전체의 절반만 들어 있습니다.

방향을 바꾼 수조의 높이는 18cm이므로 이때 물의 깊이는 18÷2=9(cm)가 됩니다.

정답

9cm

다른 해설

깊이를 모르기 때문에 □cm로 두고 생각해 봅시다.

첫 번째 그림에서 물은
□×18×6=□×108(cm²)이 들어 있다는 것을 알 수 있습니다.

방향을 바꾸어도 물의 양은 변하지 않으므로 □×12×?=□×108이 됩니다.

따라서 ?=108÷12=9(cm)라는 것을 알 수 있습니다.

03 퍼즐을 맞추자

> **해설**

케이스는 6×6=36칸 크기입니다.

만약에 퍼즐 10개를 모두 Ⓐ 퍼즐처럼 4칸 퍼즐이라고 가정한다면

케이스 바깥으로 4×10-36=4(칸)만큼 튀어나와 퍼즐을 딱 맞출 수 없습니다.

Ⓐ 퍼즐을 3칸짜리 Ⓑ 퍼즐로 1개 교환하면 칸이 1칸 줄어듭니다.

총 4칸을 줄이고 싶기 때문에 Ⓐ 퍼즐을 Ⓑ 퍼즐로 4개 교환하면 총 36칸이 됩니다.

즉 Ⓑ 퍼즐이 4개, Ⓐ 퍼즐은 10-4=6개로 케이스에 딱 맞게 들어갈 것입니다.

예를 들어 다음 그림처럼 퍼즐을 넣으면 케이스에 딱 맞게 되는데, 문제를 풀 때 넣는 방법까지 꼭 찾을 필요는 없습니다.

이 문제에서는 퍼즐을 넣는 방법을 찾지 않아도 정답을 알 수 있기 때문입니다.

빈틈없이 딱 맞춰서 넣었다는 말밖에 없기 때문에 칸 숫자만 고려하면 됩니다.

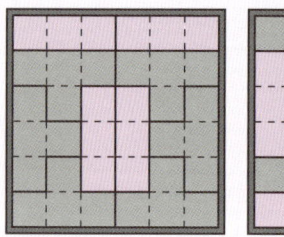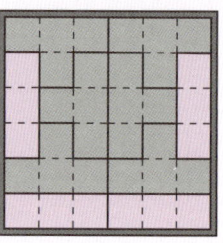

> **정답**

Ⓐ 퍼즐 6개, Ⓑ 퍼즐 4개

04 도둑잡기

> **해설**

53장의 카드를 네 명에게 나누어 주면
53÷4=13(몫)……1(나머지)이므로 13장을 가지고 있는 사람은 세 명, 14장을 가지고 있는 사람은 한 명입니다.

가장 먼저 카드를 받은 사람만 14장을 받았습니다. 즉 처음에 카드를 짝수로 가지고 있습니다. 다른 사람은 13장을 받았습니다. 즉 처음에 카드를 홀수로 가지고 있습니다.

도둑잡기는 카드를 나누어 준 다음에 같은 숫자 카드 2장을 짝 맞추어 버립니다.

카드 숫자가 두 장씩 줄어도 가지고 있는 카드 숫자가 홀수인지 짝수인지는 몇 번을 버리더라도 변하지 않습니다.

즉 처음부터 카드 수를 짝수로 가지고 있던 사람은 손에 있는 카드 수 또한 짝수이며 처음에 카드 수를 홀수로 가지고 있던 사람은 손에 있는 카드 수 또한 홀수입니다.

네 명의 카드 수를 확인해 봅시다.

아영 7장 → 홀수
수미 6장 → 짝수
미소 5장 → 홀수
민수 9장 → 홀수

이러한 사실을 알 수 있습니다.
수미만 카드 수를 짝수로 가지고 있다는 사실을 통해 처음에 카드 14장을 가지고 있던 사람이 수미라는 것을 알 수 있습니다.

이를 통해 수미를 시작으로 카드를 나누어 주었다는 것을 알 수 있습니다.

> **정답**

수미

05 관람차를 타고

> **해설**

두 명이 각자 탄 곤돌라의 높이가 같아지는 순간은 아래 그림처럼 좌우가 대칭을 이루는 위치에 있을 때, 즉 왼쪽과 오른쪽에 있는 곤돌라의 높이가 똑같을 때입니다.

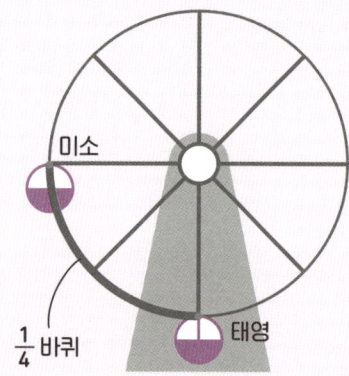

두 사람이 탄 곤돌라는 이 간격을 유지하며 회전합니다.

따라서 곤돌라가 아래 그림에서 보이는 위치에 왔을 때 두 사람이 탄 곤돌라의 높이가 같아진다는 사실을 알 수 있습니다.

두 사람은 4분의 1 바퀴만큼 떨어져 있으므로 두 곤돌라의 정중앙을 기준으로 하면 4분의 1의 절반인 8분의 1 바퀴씩 떨어져 있습니다.

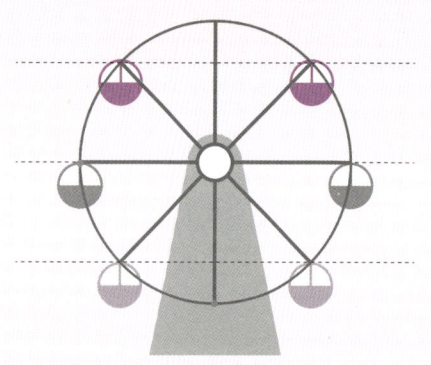

미소가 먼저 탄 곤돌라가 아래로 내려오고, 나중에 태영이 탄 곤돌라는 아직 올라갈 때 그림처럼 됩니다.

어느 위치에서 높이가 같아지는지는 두 사람이 얼마나 떨어져 있는지에 따라 결정됩니다.

곤돌라는 한 바퀴를 돌 때 16분이 걸리고, 미소가 타고 나서 4분 뒤에 태영이 탔기 때문에 16÷4=4, 두 사람의 거리는 4분의 1 바퀴만큼 떨어져 있습니다.

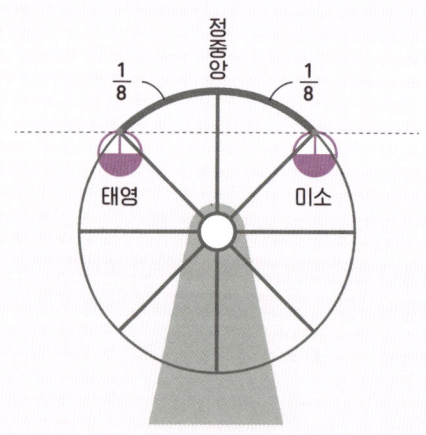

미소가 그림에 있는 위치에 오는 것은 태영이 타고 난 뒤 4분의 1 바퀴를 돌고, 추가로 8분의 1 바퀴를 돌 때입니다.

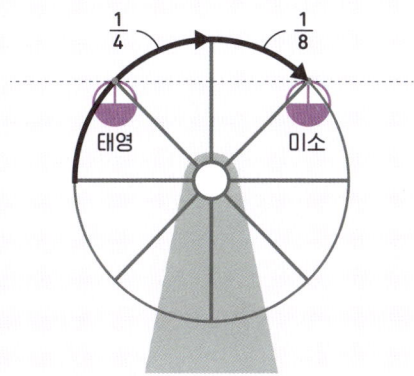

4분의 1 바퀴를 돌 때는 16÷4=4분이 걸리고, 8분의 1 바퀴를 돌 때는 16÷8=2분이 걸리기 때문에

미소가 이 위치에 올 때, 즉 두 명이 각자 탄 곤돌라의 높이가 같아지는 것은 태영이 관람차를 타고 나서 4+2=6분이 지난 뒤입니다.

정답

6분 뒤

이렇게 보여도 1초에 200번 회전한다.

06 일곱 명이 가위바위보

> **해설**

가위바위보를 할 때 펼치는 손가락 수는 가위 2개, 바위 0개, 보 5개입니다.

즉 이 문제는 0과 2와 5를 7개 조합하여 13을 만들었다고 할 때 각 숫자가 몇 개씩 쓰였는지를 묻는 것과 같습니다.

5가 0개라면 2만으로는 13을 만들 수 없습니다.

5가 1개라면 2만으로 13-5=8을 만들 수 있습니다.

2가 4개 있으면 8을 만들 수 있습니다.

5, 즉 보를 낸 사람은 1명입니다.

2, 즉 가위를 낸 사람이 4명입니다.

남은 사람, 7-1-4=2명이 바위를 냈다는 것을 알 수 있습니다.

다른 방법은 없는지 확인해 봅시다.

5가 2개라면 2만으로 13-5×2=3을 만들 수는 없습니다.

5가 3개 이상이면 13을 넘어 버립니다.

> **정답**

가위 4명, 바위 2명, 보 1명

07 고른 카드는?

> **해설**

진수가 모르겠다고 말한 부분을 통해 무엇을 알 수 있는지 생각해 봅시다.

만약에 진수가 알겠다고 말했다면 이는 들은 숫자가 적힌 카드가 1장뿐일 때만 가능합니다.

즉 1이나 2가 적힌 카드라면 진수는 하늘이 고른 카드를 알았을 것입니다.

그러나 진수는 모르겠다고 말했으므로 하늘이 고른 카드는 1과 2를 제외한 카드, 즉 3, 4, 5 중에 있다는 것을 알 수 있습니다.

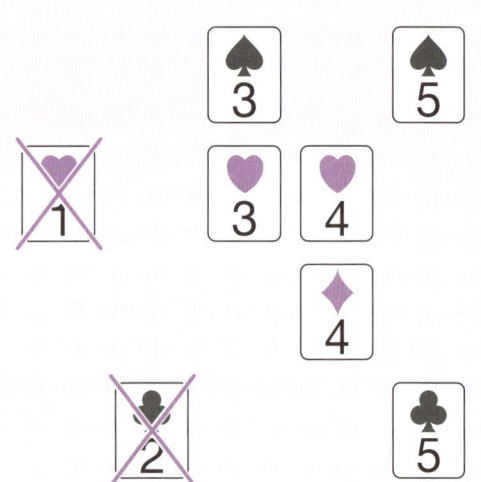

이어서 민희가 무늬만 알았을 때는 몰랐는데 진수 말을 들으니 알겠다고 말한 부분을 통해 무엇을 알 수 있는지 생각해 봅시다.

무늬를 알고 있는 민희는 진수가 말하기 전까지는 몰랐지만 진수가 한 말을 듣고 나니 3, 4, 5 중 하나라는 사실을 알게 되었고, 동시에 하늘이 고른 카드가 무엇인지 알았다는 뜻입니다.

만약에 민희가 다이아몬드 무늬라고 들었다면 진수가 한 말을 듣지 않아도 카드를 알 수 있기 때문에 다이아몬드는 아닙니다.

만약에 스페이드나 하트 무늬라고 들었다면 무늬마다 후보가 2개씩 있기 때문에 알겠다는 말을 할 수 없습니다.

무늬를 알고 있는 민희가 1과 2가 아니라는 말을 듣고 카드를 알 수 있는 것은 후보가 5밖에 없는 클로버 무늬를 들었을 때입니다. 따라서 하늘이 고른 카드는 클로버 5라는 것을 알 수 있습니다.

정답

♣(클로버) 5

제3장 리버스 회로

01 세 번째 승부는?

	첫 번째	두 번째	세 번째
진수	바위 ○	보 ○	가위
하늘	가위 ×	바위 ×	보
유미	가위 ×	보 ○	바위

해설

만약에 첫 번째에 진수가 낸 것이 바위라면 어떻게 될지 생각해 봅시다.

첫 번째는 진수 1명이 이겼기 때문에 하늘과 유미는 가위를 내서 졌다는 것을 알 수 있습니다.

세 번째는 3명 모두 다른 수를 냈기 때문에 '무승부'라는 것을 알 수 있습니다.

힌트1에서 '만약에 첫 번째에 진수가 낸 것이 바위였다면'이라고 가정했는데, 첫 번째에 진수가 낸 수가 보 또는 가위인 경우에도 세 번째 승부는 무승부가 됩니다.

	첫 번째	두 번째	세 번째
진수	바위 ○		
하늘	가위 ×		
유미	가위 ×		

두 번째는 진수와 유미가 이겼습니다. 즉 진수와 유미는 같은 모양을 냈다는 것을 알 수 있습니다.

진수는 가위 또는 보를, 유미는 바위 또는 보를 낼 수 있기 때문에 두 사람이 낸 모양은 보라는 것을 알 수 있습니다.

그리고 진수와 하늘은 바위를 냈다는 것을 알 수 있습니다.

3명 모두 아직 내지 않은 수는 세 번째에 냈을 것입니다.

【첫 번째 승부에서 진수가 낸 것이 보였을 때】

	첫 번째	두 번째	세 번째
진수	보 ○	가위 ○	바위
하늘	바위 ×	보 ×	가위
유미	바위 ×	가위 ○	보

【첫 번째 승부에서 진수가 낸 것이 가위였을 때】

	첫 번째	두 번째	세 번째
진수	가위 ○	바위 ○	보
하늘	보 ×	가위 ×	바위
유미	보 ×	바위 ○	가위

정답

무승부

02 숫자 미로

> **해설**

16을 제외한 네 모퉁이에 있는 칸은 인접한 칸이 2개밖에 없기 때문에 들어갈 숫자는 모르더라도 반드시 이어진다는 것은 알 수 있습니다.

아래 그림처럼 이어지는 칸 사이에 선을 그려 넣으면 알기 쉽습니다.

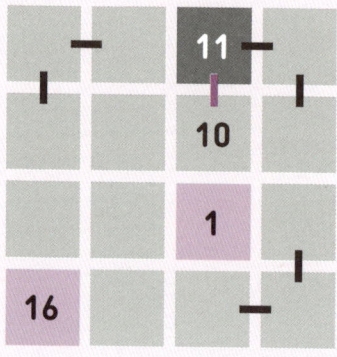

11이 적힌 칸은 오른쪽에 있는 칸과 이어져 있습니다.

이를 무시하고 왼쪽 칸으로 이으면 길이 막다른 칸이 생기고 맙니다.

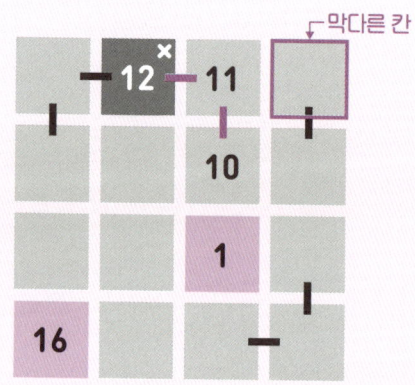

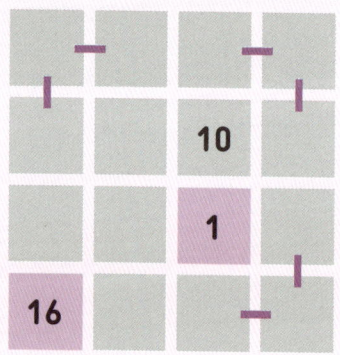

이 그림을 참고하면서, 먼저 10에서 16까지 이어지는 길을 찾아봅시다.

먼저 10에서 위로 가는 경우를 생각해 봅시다.

따라서 11 다음은 오른쪽에 있는 칸으로 갈 수밖에 없습니다. 그러나 오른쪽 칸으로 가면 16까지 가기 전에 칸이 남습니다.

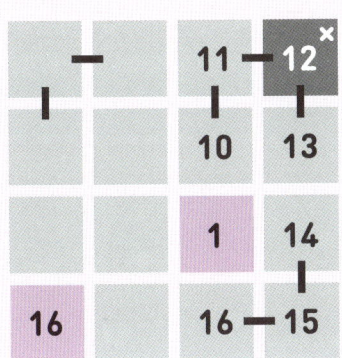

이를 통해 위로 가는 방법은 잘못되었다는 것을 알 수 있습니다.

마찬가지로 10에서 오른쪽 칸으로 가더라도 16까지 가기 전에 칸이 남는다는 것을 알 수 있습니다.

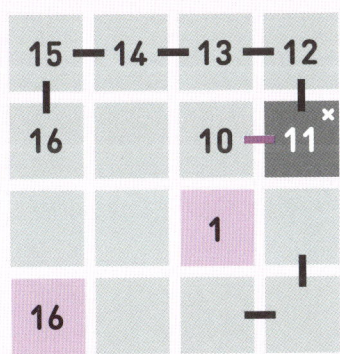

따라서 10 다음은 왼쪽으로 갈 수밖에 없다는 것을 알 수 있습니다.

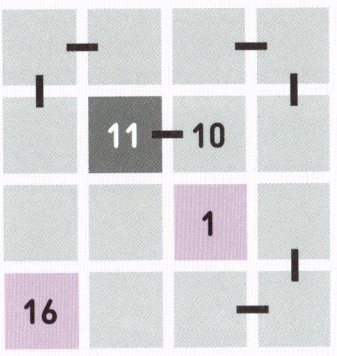

11에서 왼쪽으로 가면 마찬가지로 16에 도착하기 전에 칸이 남습니다.

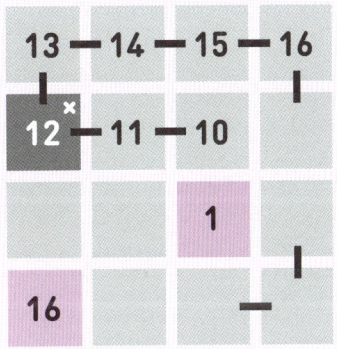

또한 11에서 아래쪽으로 가더라도 16까지 갈 수 없다는 것은 명확합니다.

따라서 11 다음은 위쪽으로 갈 수밖에 없다는 것을 알 수 있습니다. 위쪽으로 가면 16까지 문제없이 도착할 수 있습니다.

따라서 10에서 16까지 가는 길은 아래 그림처럼 하나밖에 없다는 것을 알 수 있습니다.

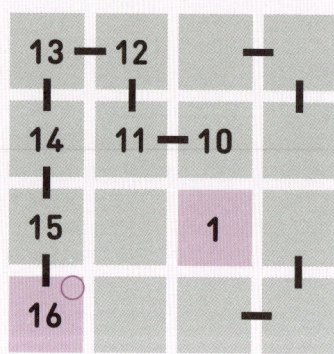

이어서, 역으로 10에서 1까지 가는 길을 생각해 봅시다.

10 오른쪽에 9를 적으면 깔끔하게 이어지지 않습니다.

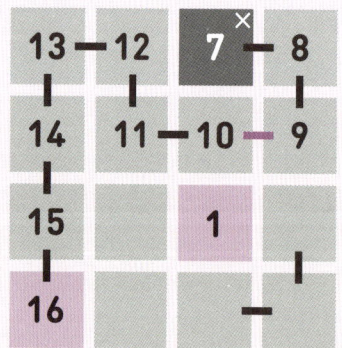

따라서 9는 10 위에 적어야 한다는 것을 알 수 있습니다.

남은 숫자는 8, 7, 6, …, 이런 순서로 적으면 모든 칸이 이어진다는 사실을 알 수 있습니다.

정답

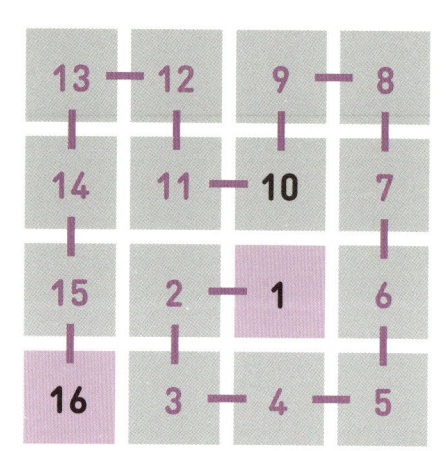

03 9인용 벤치

해설

어느 자리에 앉아도 옆에 누가 있다는 것은 무엇을 의미할까요?

●가 사람이 있는 자리, ○가 비어 있는 자리라고 가정하겠습니다.

만약에 세 명이 앉을 수 있는 자리가 연속으로 비어 있다고 한다면,

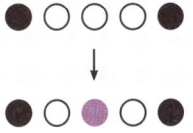

이처럼 정중앙에 앉을 수 있습니다.

만약에 두 명이 앉을 수 있는 자리가 연속으로 비어 있다고 한다면,

이렇게 되어 어느 자리에 앉더라도 옆에 누가 앉는 상태가 됩니다.

따라서 9인용 벤치에 가장 적은 인원수로 앉는 조건을 충족하기 위해서는 양옆의 두 자리를 비워서 앉는 것이 좋아 보입니다.

그리고 끝부분에도 주의합시다.
예를 들어 왼쪽 가장자리가

이렇다고 가정할 때, 태영는 끝자리에 앉을 수 없습니다.

오른쪽 가장자리도 마찬가지입니다.

지금까지 파악한 정보를 고려하여 9인용 자리에 색을 칠하면,

겨우 세 명이 앉았지만 여기서 옆자리가 비도록 앉을 수 없다는 것을 알 수 있습니다.

정답

3명

04 거스름돈이 없어

해설

맨 처음으로 거스름돈 없이 250원을 낼 수 있는 사람은 원영뿐이므로 원영이 가장 먼저 돈을 냈다는 것을 알 수 있습니다.

또한 이 문제에서는 50원짜리 동전이 키포인트입니다.

50원짜리 동전을 가지고 있는 사람은 원영과 상민, 두 명뿐입니다.

준서와 준혁은 거스름돈으로 50원을 받아야 하기 때문에 원영과 상민은 모두 50원 동전을 냈을 것입니다.

즉 상민은 550원을 내고 300원의 거스름돈을 받았을 것입니다.

점원은 상민에게 받은 50원 동전을 준서 또는 준혁에게 주었을 것이기 때문에 상민은 마지막이 아니라는 것을 알 수 있습니다.

또한 상민은 300원의 거스름돈을 받아야 하기 때문에 점원이 250원밖에 가지고 있지 않은 시점인 두 번째도 아니라는 것을 알 수 있습니다.

즉 상민은 세 번째로 산 사람입니다.

그리고 상민에게 300원의 거스름돈을 줄 수 있게, 두 번째로 산 사람은 100원짜리 동전을 냈을 것입니다.

즉 두 번째로 산 사람은 100원짜리 동전을 가지고 있는 준혁이라는 것을 알 수 있습니다.

정보를 정리해 보면 오른쪽 그림과 같이 돈을 냈다는 것을 알 수 있습니다.

준서 지갑

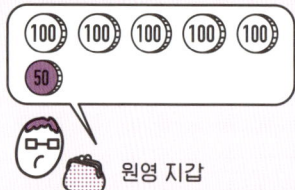
원영 지갑

상민 지갑

준혁 지갑

이렇게 하면 모두 250원을 내고 과자를 살 수 있습니다.

정답

원영 → 준혁 → 상민 → 준서

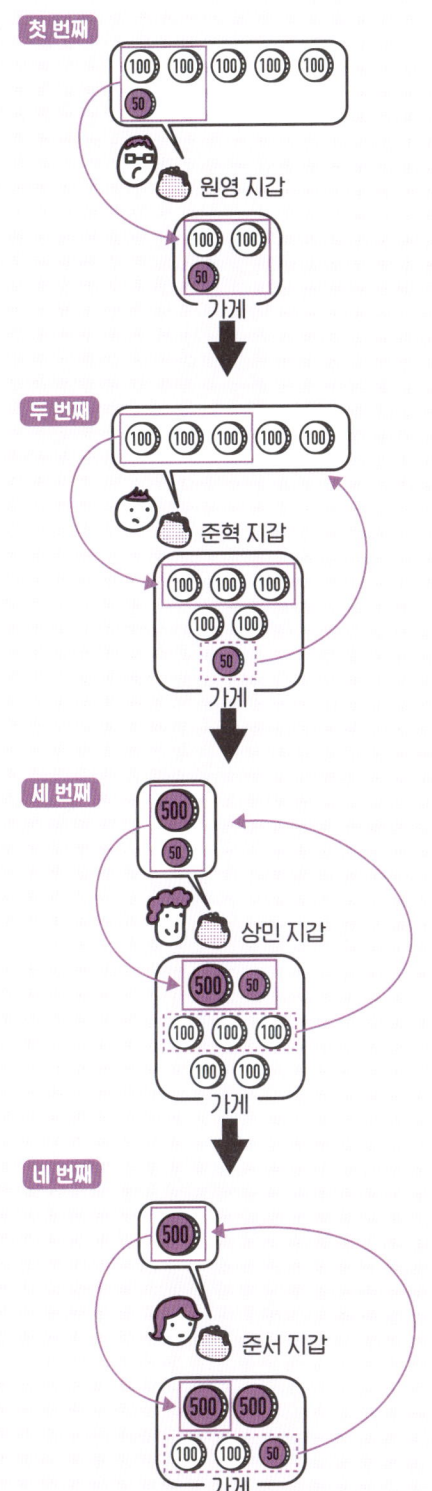

05 팀 나누기

> **해설**

첫 번째 레크리에이션에서 같은 팀이 된 사람이 두 번째 레크리에이션에서 다른 팀이 되도록 하기 위해서는 어떻게 하면 좋을지 생각해 봅시다. 전체에 주목하지 말고 한 팀에만 주목해 봅시다.

첫 번째 레크리에이션에서 A팀에 같이 속했던 사람들을 두 번째 레크리에이션에서 새로운 4개 팀(A~D)으로 뿔뿔이 나누기에는 네 명이 한계입니다.

첫 번째 레크리에이션의 A팀에 다섯 명 이상이 있으면 어떻게 하여도 두 명은 같은 팀이 되고 맙니다.

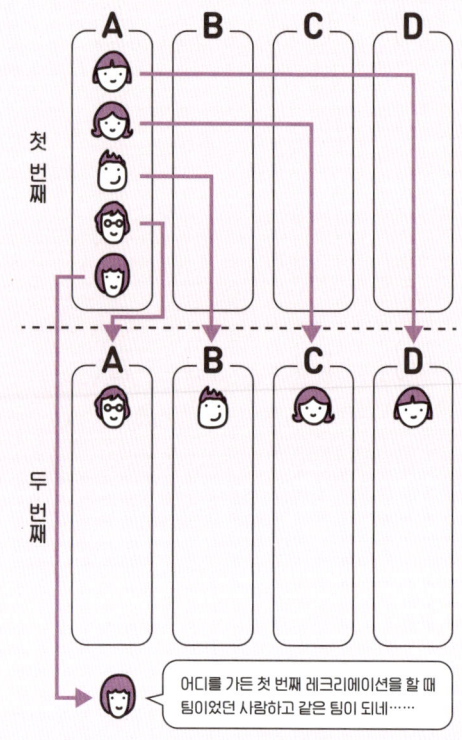

이는 다른 팀이 되더라도 마찬가지이므로 첫 번째 레크리에이션에서 4인 팀이 4개 있을 때, 첫 번째와 두 번째 레크리에이션에서 아무도 같은 팀이 되지 않는 조건을 충족하는 가장 많은 인원수는 4×4=16(명)이라는 것을 알 수 있습니다.

여기에 1명이라도 더 많아지면 누군가는 무조건 같은 사람과 한 팀이 됩니다. 따라서 16+1=17(명)이 정답입니다.

> **정답**

17명

06 올바른 식을 만들자

해설

더하여 23이 되는 숫자는 6, 8, 9뿐이므로 아래 그림처럼 23 아래에 숫자를 적습니다.

```
□ + □ + □ = 9
+   +   +
□ + □ + □ = 23
                6, 8, 9
+   +   +
□ + □ + □ = 13
=   =   =
15  9   21
```

그리고 더하여 9가 되는 덧셈에 주목해 봅시다. 정중앙에 들어가는 숫자는 힌트1을 고려했을 때 6, 8, 9 중 하나입니다.

그러나 8 또는 9가 들어가면 세로 덧셈식의 □에 들어맞는 숫자가 없으므로 6이 정중앙에 들어간다는 사실을 알 수 있습니다.

그리고 이 숫자의 위아래에는 1 또는 2가 각각 들어갑니다.

```
□ + □ + □ = 9
+   +   +
□ + 6 + □ = 23
                6, 8, 9
+   +   +
□ + □ + □ = 13
=   =   =
15  9   21
    1, 2, 6
```

이어서, 더하여 21이 되는 식에 주목해 봅시다.

21이 되는 덧셈의 조합은 (4, 8, 9), (5, 7, 9), (6, 7, 8)이 있습니다.

더하여 23이 되는 가로 식에서 8과 9를 사용하므로 더하여 21이 되는 세로 식에서 8과 9는 사용할 수 없습니다. 따라서 (4, 8, 9) 조합은 아닙니다.

또한 6은 이미 사용했으므로 (6, 7, 8) 조합도 아닙니다.

따라서 (5, 7, 9) 조합이 옳으며 중앙에는 9가 들어간다는 것을 알 수 있습니다.

```
□ + □ + □ = 9
+   +   +
□ + 6 + 9 = 23
                6, 8, 9
+   +   +
□ + □ + □ = 13
=   =   =
15  9   21
    1, 2, 6  5, 7, 9
```

또한 더하여 23이 되는 식의 가장 왼쪽에는 남은 8이 들어간다는 사실도 알 수 있습니다.

따라서 오른쪽 위의 칸에는 5, 오른쪽 아래의 칸에는 7이 들어간다는 것을 알 수 있습니다.

더하여 21이 되는 세로 식의 남은 두 빈칸에는 각각 5 또는 7이 들어갑니다.

여기서 더하여 9가 되는 가장 위쪽의 가로 식에 주목해 봅시다.

만약에 아래 그림처럼 7을 넣으면 가로 식을 만들 수 없습니다.

다시 돌아가 더하여 9가 되는 가로 식에 주목해 봅시다. □+□+5=9가 되는데, 두 빈칸에는 같은 숫자를 넣지 못하므로 빈칸에는 각각 1 또는 3이 들어간다는 것을 알 수 있습니다.

더하여 9가 되는 세로 식을 보면, 두 빈칸에는 각각 1 또는 2가 들어간다는 것을 알 수 있습니다.

따라서 중앙의 위쪽 칸에 들어갈 수는 1이라는 것을 알 수 있습니다.

```
□  +  1  +  5  =  9
                    1, 3, 5
+     +     +
8  +  6  +  9  =  23
                    6, 8, 9
+     +     +
□  +  □  +  7  =  13
=     =     =
15    9     21
      1, 2, 6   5, 7, 9
```

정답

```
3  +  1  +  5  =  9
+     +     +
8  +  6  +  9  =  23
+     +     +
4  +  2  +  7  =  13
=     =     =
15    9     21
```

남은 3은 왼쪽 위의 칸에 들어갑니다.

```
3  +  1  +  5  =  9
                    1, 3, 5
+     +     +
8  +  6  +  9  =  23
                    6, 8, 9
+     +     +
□  +  □  +  7  =  13
=     =     =
15    9     21
      1, 2, 6   5, 7, 9
```

남은 수를 식에 맞게 채워 넣으면 정답을 구할 수 있습니다.

07 선물한 캔디는 무슨 맛?

정답

11개

해설

산타 할아버지는 처음에 네 가지 맛 사탕을 다섯 개씩 가지고 있었습니다. 같은 맛 사탕 다섯 개를 민호에게 주었으므로 선물 주머니 안에는 세 가지 맛 사탕이 다섯 개씩 있습니다.

이 세 가지 사탕이 무슨 맛인지를 확인할 수 있다면 민호에게 준 사탕이 무슨 맛인지 알 수 있습니다.

운이 좋다면 3개만 꺼내서 세 가지 맛을 확인할 수 있지만, 운이 나쁘면 같은 맛이 다섯 번 연속 나올 가능성도 있습니다.

민호에게 준 사탕 맛을 어떤 경우라도 반드시 알 수 있다는 말은 운이 가장 나쁜 경우라도 '해당 횟수만큼 꺼내면 반드시 알 수 있다'라는 뜻입니다.

가장 운이 나쁠 때는 두 가지 사탕 맛을 전부 확인했지만 세 번째 종류에 해당하는 사탕 맛을 확인하지 못하는 경우입니다.

두 가지 맛 사탕을 모두 확인한다는 것은 5×2=10개 사탕을 확인한다는 뜻이고, 다음 사탕 한 개를 확인하면 세 번째 사탕 맛을 알 수 있습니다.

즉 10+1=11개를 확인하면 세 번째 사탕 맛을 무조건 확인할 수 있고, 이때 나오지 않은 맛이 민호에게 준 사탕이라는 것을 알 수 있습니다.

제4장 노크 회로

01 한붓그리기를 할 수 있게

> **해설**

한붓그리기에는 이런 규칙이 있습니다.

1. 점에서 나오는 선의 개수가 모두 짝수라면 무조건 한붓그리기가 가능하다.
2. 나오는 선의 개수가 홀수인 점이 2개라면 그 홀수 점 중 하나에서 출발하여 다른 홀수 점으로 도착하면 무조건 한붓그리기가 가능하다.
3. 나오는 선의 개수가 홀수인 점이 3개 이상이면 한붓그리기가 불가능하다.

문제에 나온 그림을 보면 점에서 나와 있는 선의 수가 홀수가 되는 점은 4개가 있다는 것을 알 수 있습니다.

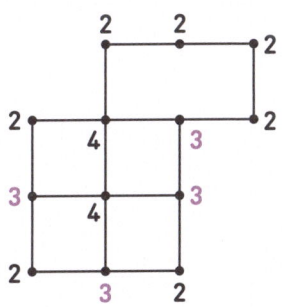

이 상태는 위에 적힌 규칙3에 해당하기 때문에 한붓그리기가 불가능합니다.

그래서 하나를 지웠을 때 규칙2를 충족할 것 같은 선을 찾습니다.

아래 그림에서 × 표시가 되어 있는 선은 뻗어 나가는 선의 개수가 홀수인 점 2개를 잇고 있기 때문에 이를 지우면 한붓그리기가 가능해집니다.

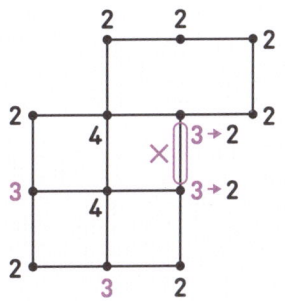

뻗어 나가는 선의 개수가 홀수인 점 중 하나에서 시작하고, 나머지 점 하나를 도착점으로 지정하면 한붓그리기가 가능합니다. 예를 들면 아래 그림처럼 한붓그리기를 할 수가 있습니다.

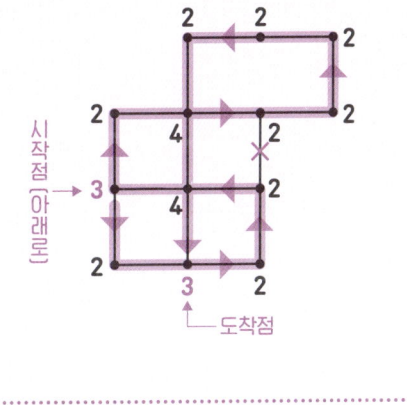

정답

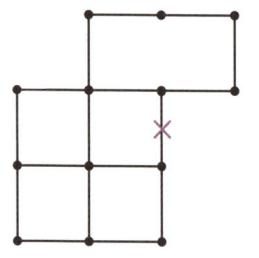

02 숫자 맞히기 게임

해설

더하여 12가 되는 두 숫자의 조합은 (9, 3), (8, 4), (7, 5)입니다.

이 중에서 큰 숫자를 작은 숫자로 나누지 못하는 조합이 준식이 고른 숫자들입니다.

하나씩 확인해 봅시다.

9÷3=3 → 나눌 수 있다
8÷4=2 → 나눌 수 있다
7÷5=1…2 → 나누지 못한다

따라서 준식이 떠올린 숫자는 5와 7이라는 사실을 알 수 있습니다.

정답

5와 7

03 별난 모양 피자를 나누자

> **해설**

다음 조건을 충족하도록 선을 그어 봅시다.

'같은 모양', '4조각', '5칸 크기', '같은 토핑은 다른 조각에 올리기'

먼저 같은 토핑이 붙어 있는 부분에 주목해 봅시다.

같은 토핑은 다른 조각에 올라가도록 해야 하기 때문에 그 사이를 갈라야 합니다.

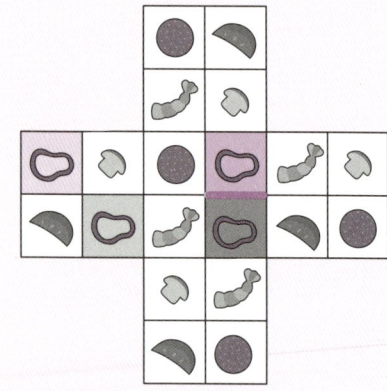

왼쪽 끝 위에 있는 ◌에 주목해 봅시다.

이 ◌과 같은 조각이 되는 칸을 생각해 봅시다.

◌의 오른쪽 칸에 있는 ◌, 그리고 그 오른쪽 칸에 있는 ●는 무조건 같은 조각이 된다는 것을 알 수 있습니다.

또한 이 조각에 들어가는 ◗는 왼쪽 끝에 있는 것만 가능합니다.

이를 통해 왼쪽 끝에 있는 ◌과 같은 조각이 되는 토핑 4칸을 알았습니다.

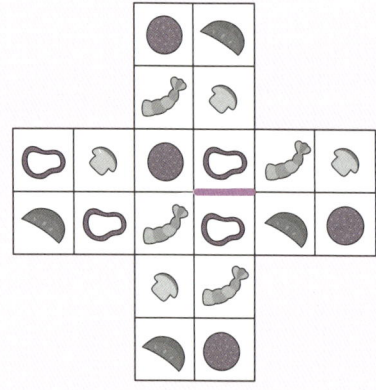

가까이에 같은 토핑이 나열된 있는 부분도 힌트가 됩니다.

대각으로 나열된 곳에도 주목해 봅시다.

왼쪽을 보면 대각으로 ◌이 나열되어 있습니다.

서로 딱 붙어 있는 ◌에 주목하기로 했으니 ◌을 위주로 생각해 봅시다.

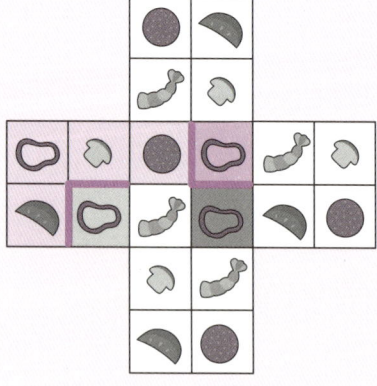

이어서, 왼쪽 끝에서 두 번째에 있는 ◌에 주목해 봅시다.

이 토핑은 반드시 오른쪽에 붙어 있는 🌶와 같은 조각이 된다는 것을 알 수 있습니다.

여기서 조금 전에 봤던 왼쪽 끝의 ◯이 포함된 조각에 다시 주목해 보면, 이 조각은 위에 있는 🌶를 포함한다는 것을 알 수 있습니다.

이를 통해 5칸이 결정되었습니다.

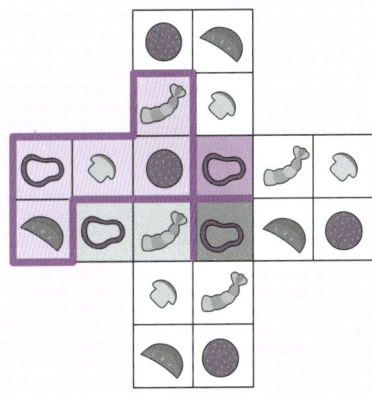

여기까지 알았다면 다른 조각도 같은 모양이 되도록 자를 수 있습니다.

정답

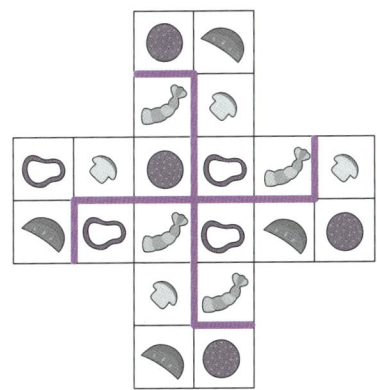

04 시험 배점

해설

	문제 1	문제 2	문제 3	문제 4	문제 5	합계
하늘	○	○	×	×	×	35점
진수	×	○	○	×	○	50점
니나	×	○	○	○	×	55점
해주	×	○	○	×	×	25점

진수와 해주가 맞힌 문제를 비교해 보면, 문제 5만 다르게 대답했고 진수는 이 문제를 맞혔습니다.

즉 진수와 해주의 점수 차이는 문제 5의 점수와 똑같다는 것을 알 수 있습니다.

문제 5의 배점은 50-25=25(점)입니다.

마찬가지로 니나와 해주가 맞힌 문제를 비교해 보면 문제 4의 배점이 55-25=30(점)이라는 것을 알 수 있습니다.

위의 정보를 통해 문제 4와 문제 5의 배점을 알았으니 문제 1, 문제 2, 문제 3의 배점 합계를 알 수 있습니다.

100-(30+25)=45(점)

여기서 하늘이 맞힌 문제에 주목해 봅시다. 문제 1과 문제 2를 맞히고 35점을 받았습니다.

문제 1, 문제 2, 문제 3의 배점 합계가 45점이므로 문제 3은 45-35=10(점)이라는 것을 알 수 있습니다.

해주가 맞힌 문제 중에서 문제 3은 10점이라는 것을 알았기 때문에 문제 2의 배점은 25-10=15(점)입니다.

하늘이 맞힌 문제 중에서 문제 2는 15점이라는 것을 알았기 때문에 문제 1의 배점은 35-15=20(점)입니다.

이렇게 모든 문제의 배점을 알아냈습니다.

정답

문제 1 (20)점, 문제 2 (15)점,
문제 3 (10)점, 문제 4 (30)점,
문제 5 (25)점

05 식을 만들자

> 해설

문제에 나온 식을 그대로 본다고 해서 알 수 있는 것은 없기 때문에 먼저 세로식으로 나타내어 생각해 봅시다.

세로식의 3단과 4단에는 둘 다 ○○×△의 답이 들어가므로 물음표로 나타냅니다.

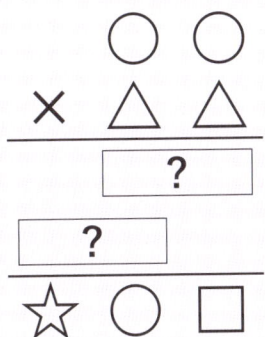

세로식의 답이 ☆○□의 세 자리 수로 나타난다는 말은 물음표는 두 자리 수가 된다는 것을 의미합니다.

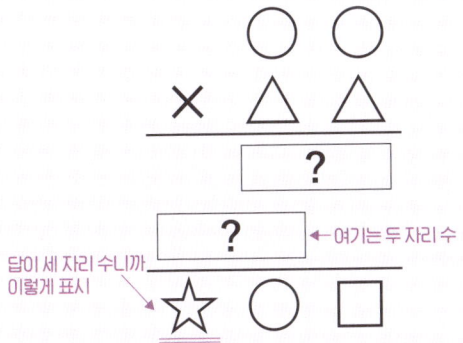

← 여기는 두 자리 수
답이 세 자리 수니까 이렇게 표시

즉 ○○×△는 두 자리 수가 나옵니다.

(예를 들면 '22×4=88', 이렇게 나오며 '22×5=110', 이렇게는 나오지 않는다.)

○○×△가 두 자리 수가 된다는 것은 ○×△는 한 자리 수가 된다는 뜻입니다.

(예를 들어 '22×4=88', 이런 식이라면 2×4=8이므로 한 자리 수이다.)

○×△=◎, 이렇게 표시하면 세로식은 아래 그림처럼 나옵니다.

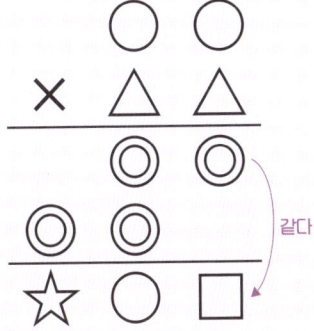

같다

이때 답에서 일의 자리 수인 □와 세로식의 3단 중 오른쪽에 있는 ◎가 같으므로 결국 세로식은 아래와 같은 식으로 나타낼 수 있습니다.

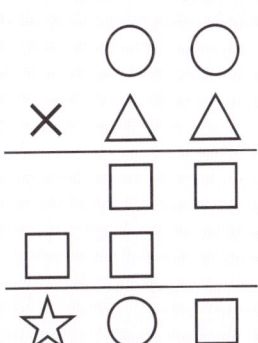

답에서 백의 자리에 해당하는 ☆, 세로식의 4단 중 왼쪽에 있는 □에 주목해 봅시다. 둘은 같지 않으므로 십의 자리에서 수가 넘어왔다는 것을 알 수 있습니다.

□는 5~9라는 것을 알고 있으므로 각 경우에서 세로식의 3단과 4단을 더하여 확인해 봅시다.

□가 5일 경우:
55+550=605이므로 ☆○□는 605입니다.
그러나 ○이 0이면 식이 성립하지 않으므로 불가능합니다.

□가 6일 경우:
66+660=726이므로 ☆○□는 726이 됩니다. ○는 2, □는 6이므로 2×△=6을 충족하는 △는 3이 됩니다.
이는 성립합니다.

□가 7일 경우:
77+770=847이므로 ☆○□는 847이 됩니다. ○는 4, □는 7이므로 4×△=7인데, 이를 충족하는 △는 없습니다.

□가 8일 경우:
88+880=968이므로 ☆○□는 968이 됩니다. ○는 6, □는 8이므로 6×△는 8인데, 이를 충족하는 △는 없습니다.

□가 9일 경우:
99+990=1089이므로 답이 네 자리 수를 넘깁니다. 불가능합니다.

따라서 □가 6인 경우가 올바른 계산이며 22×33=726이 답이라는 것을 알 수 있습니다.

정답

22 × 33 = 726

06 밧줄로 만든 삼각형

해설

밧줄을 12등분으로 나누는 곳에 점을 찍어 표시하면 점과 점 사이의 길이가 같아집니다.

간격 하나의 길이를 1m로 가정하고, 밧줄 전체의 길이를 12m라고 생각해 봅시다.

밧줄을 팽팽하게 당겼기 때문에 삼각형의 모든 변 길이를 더하면 12입니다.

점을 찍은 곳이 꼭짓점이 되므로 변의 길이는 소수가 되지 않습니다.

더하여 12가 되는 세 변의 길이 조합을 정수 범위에서 찾습니다.

빠뜨린 것이 없도록 세 변의 길이를 (대, 중, 소)라고 표현하여 순서대로 기록해 봅시다.

【가장 짧은 변이 1m일 경우】

① (1m, 1m, 10m)
② (1m, 2m, 9m)
③ (1m, 3m, 8m)
④ (1m, 4m, 7m)
⑤ (1m, 5m, 6m)

이렇게 다섯 가지 경우를 생각할 수 있습니다. 그러나 이 경우들은 모두 '가장 긴 변의 길이는 다른 두 변의 길이를 더한 값보다 작다'라는 삼각형의 규칙을 충족하지 않습니다.

(예를 들어 ①의 경우 1+1=2<10이며 ⑤의 경우도 1+5=6이 되어 위의 규칙을 충족하지 않습니다.)

그래서 가장 짧은 변이 1m인 삼각형은 존재하지 않습니다.

【가장 짧은 변이 2m일 경우】

⑥ (2m, 2m, 8m)
⑦ (2m, 3m, 7m)
⑧ (2m, 4m, 6m)
⑨ (2m, 5m, 5m)

이렇게 네 가지 경우를 생각할 수 있습니다. 이 중에서 삼각형의 규칙을 충족하는 것은

⑨ (2m, 5m, 5m)

이 경우뿐입니다. (2+5=7>5)

【가장 짧은 변이 3m일 경우】

⑩ (3m, 3m, 6m)
⑪ (3m, 4m, 5m)

이렇게 두 가지 경우를 생각할 수 있습니다. 이 중에서 삼각형의 규칙을 충족하는 것은

⑪ (3m, 4m, 5m)

이 경우입니다. (3+4=7>5)

【가장 짧은 변이 4m일 경우】

⑫ (4m, 4m, 4m)

이 경우 하나밖에 없으며 이는 삼각형의 규칙을 충족합니다. (4+4=8>4)

  가장 짧은 변이 5m가 되는 경우는 없으므로 모든 경우를 다 찾았습니다.

  따라서 ⑨ (2m, 5m, 5m), ⑪ (3m, 4m, 5m), ⑫ (4m, 4m, 4m)의 경우로 구성된 삼각형 3개를 만들 수 있습니다.

정답

3개

---

07 몫은 몇 종류일까?

해설

100을 10보다 작은 수로 나누어 봅시다.

$100 \div 9 = 11(몫) \cdots 1(나머지)$
$100 \div 8 = 12 \cdots 4$
$100 \div 7 = 14 \cdots 2$
$100 \div 6 = 16 \cdots 4$
$100 \div 5 = 20$
$100 \div 4 = 25$
$100 \div 3 = 33 \cdots 1$
$100 \div 2 = 50$
$100 \div 1 = 100$

즉 나누는 수가 10보다 작은 경우의 몫은 9종류가 있다는 것을 알 수 있습니다.

마찬가지로 100을 10보다 큰 수로 나누어 봅시다.

$100 \div 10 = 10$
$100 \div 11 = 9 \cdots 1$
$100 \div 12 = 8 \cdots 4$
$100 \div 13 = 7 \cdots 9$
$100 \div 14 = 7 \cdots 2$
$100 \div 15 = 6 \cdots 10$
$100 \div 16 = 6 \cdots 4$

나온 답에서 몫들의 관계를 살펴보면 1씩 줄거나 변하지 않는다는 것을 알 수 있습니다.

또한 100으로 나누면
100÷100=1이므로 몫이 가장 작으면 1이라는 것을 알 수 있습니다.

이를 통해 나누는 수가 10 이상인 경우의 몫은 10, 9, 8, 7, 6, 5, 4, 3, 2, 1, 총 10종류라는 것을 알 수 있습니다.

따라서 몫은 9+10=19(종류)라는 것을 알 수 있습니다.

정답

19종류

제5장 스텝 회로

01 컵케이크

> 해설

정수가 한 말을 통해 정수는 초콜릿 맛을 골랐다는 사실을 알 수 있습니다.

무영이 한 말을 통해 무영과 태영는 같은 맛을 골랐고, 태영의 말을 통해서는 준서가 무영·태영과 다른 맛을 골랐다는 사실을 알 수 있습니다.

준서가 한 말을 통해서는 초콜릿 맛과 딸기 맛을 고른 사람의 수가 다르다는 것도 알 수 있습니다.

준서와 무영·태영 중에서 초콜릿 맛과 딸기 맛을 고른 사람이 각각 누구인지 생각해 봅시다.

만약에 준서가 초콜릿 맛을 골랐다면 초콜릿 맛을 고른 사람은 정수와 준서, 딸기 맛을 고른 사람이 무영과 태영이 되므로 사람 수가 같아지고 맙니다.

무영	정수	준서	태영
딸기 맛	초콜릿 맛	초콜릿 맛	딸기 맛

즉 준서는 초콜릿 맛이 아니라 딸기 맛을 골랐다는 것을 알 수 있습니다.

따라서 준서는 딸기 맛을, 무영, 정수 태영는 초콜릿 맛을 골랐습니다.

무영	정수	준서	태영
초콜릿 맛	초콜릿 맛	딸기 맛	초콜릿 맛

> 정답

**무영 (초콜릿) 맛,
정수 (초콜릿) 맛,
준서 (딸기) 맛,
태영 (초콜릿) 맛**

02 연필과 공책

해설

공책은 연필보다 100원 더 비싸고, 공책과 연필을 하나씩 사면 150원입니다.

따라서 공책을 2권 사면 150+100=250(원)이 될 것입니다.

즉 공책 1권은 250÷2=125(원)입니다.

연필은 공책보다 100원 더 저렴하므로 125-100=25(원)입니다.

정답

연필 25원, 공책 125원

다른 해설

연필과 공책의 가격을 그림으로 나타내어 생각해 봅시다.

연필보다 공책이 100원 더 비싸므로 아래 그림처럼 나타낼 수 있습니다.

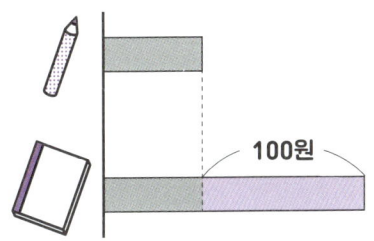

공책과 연필을 더하면 150원이 되므로 아래 식처럼 나타낼 수 있습니다.

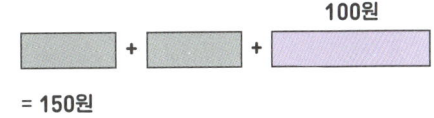

= 150원

따라서 ▭ 2개가 50원에 해당하므로 ▭ 1개는 50÷2=25(원),

연필은 ▭ 1개에 해당하므로 25원입니다.

공책은 ▭ 와 ▭ 을 더한 가격이므로 25+100=125(원)가 정답입니다.

03 동물 인형

> **해설**

혜미와 소정이 한 말을 정리하여 아래 표처럼 채워 넣을 수 있습니다.

	동물	셔츠	바지
혜미	강아지	음표	
정수	곰		스트라이프
소정			

또한 정수는 체크무늬 바지랑 별무늬 티셔츠 조합을 고른 사람이 있다고 말합니다. 그런데 표를 보면 이 조합은 소정이 산 인형만 가능한 조합이라는 것을 알 수 있습니다.

	동물	셔츠	바지
혜미	강아지	음표	
정수	곰		스트라이프
소정		별	체크

남은 부분을 채워 넣으면 이렇게 됩니다.

	동물	셔츠	바지
혜미	강아지	음표	**민무늬**
정수	곰	**하트**	스트라이프
소정	**고양이**	별	체크

소정이 산 인형은 고양이 인형이며 별무늬 셔츠, 체크무늬 바지를 입고 있다는 것을 알 수 있습니다.

> **정답**

동물 (고양이), 셔츠 (별), 바지 (체크)

04 세 종류의 타일

> **해설**

스페이드 타일 옆에는 하트 또는 다이아몬드 타일을 붙일 수 있습니다. 즉 아래 그림에 보이는 색칠된 타일 중 하나가 하트 타일이고 나머지 하나가 다이아몬드 타일입니다.

색칠된 두 타일과 맞닿는 타일의 모양은 하트, 다이아몬드 무늬가 될 수 없으므로 스페이드 타일만 붙일 수 있습니다.

스페이드 타일과 하트 타일 사이에 붙이는 타일은 다이아몬드 타일이라는 것을 알 수 있습니다.

같은 타일이 맞닿지 않도록 남은 타일을 붙여 봅시다.

물음표에는 스페이드 무늬 타일을 붙여야 합니다.

> **정답**

♠ 스페이드

05 수제 쿠키

> 해설

문제에 적힌 정보를 표로 정리해 보면 이렇습니다.

	우유 맛	초콜릿 맛	홍차 맛	합계
동그라미	11개	10개		27개
네모		5개		17개
별			3개	19개
합계	22개		17개	

동그란 쿠키가 있는 1행에 주목해 봅시다. 동그란 홍차 맛 쿠키 개수는 27-(11+10)=6(개)이므로 이렇게 표에 채워 넣습니다.

	우유 맛	초콜릿 맛	홍차 맛	합계
동그라미	11개	10개	6개	27개
네모		5개		17개
별			3개	19개
합계	22개		17개	

홍차 맛 쿠키가 있는 열에 주목해 봅시다. 네모난 홍차 맛 쿠키 개수는 17-(6+3)=8(개)입니다.

	우유 맛	초콜릿 맛	홍차 맛	합계
동그라미	11개	10개	6개	27개
네모		5개	8개	17개
별			3개	19개
합계	22개		17개	

네모난 쿠키가 있는 행에 주목해 봅시다. 네모난 우유 맛 쿠키 개수는 17-(5+8)=4(개)입니다.

	우유 맛	초콜릿 맛	홍차 맛	합계
동그라미	11개	10개	6개	27개
네모	4개	5개	8개	17개
별			3개	19개
합계	22개		17개	

우유 맛 쿠키가 있는 열에 주목해 봅시다. 별 모양 우유 맛 쿠키 개수는 22-(11+4)=7(개)입니다.

	우유 맛	초콜릿 맛	홍차 맛	합계
동그라미	11개	10개	6개	27개
네모	4개	5개	8개	17개
별	7개		3개	19개
합계	22개		17개	

따라서 정답은 7개라는 것을 알 수 있습니다. 표를 전부 채워 넣으면 이렇게 됩니다.

	우유 맛	초콜릿 맛	홍차 맛	합계
동그라미	11개	10개	6개	27개
네모	4개	5개	8개	17개
별	7개	9개	3개	19개
합계	22개	24개	17개	63개

> 정답

7개

06 선물 무게

해설

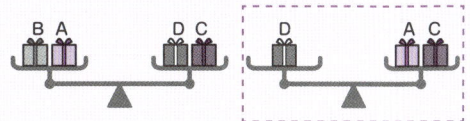

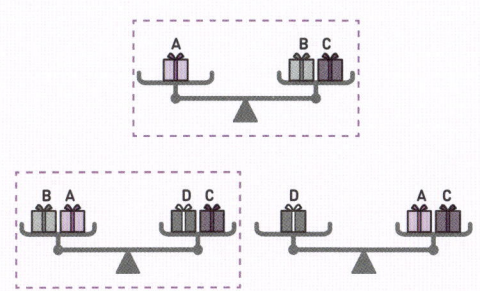

위 그림에서 위쪽 접시저울을 통해 A와 (B, C)의 무게가 같다는 것을 알았습니다. 아래 왼쪽에 있는 접시저울의 A를 (B, C)로 바꾸면 (B, B, C)와 (D, C)가 같은 무게라는 것을 알 수 있습니다.

이때 저울 양쪽에 C가 공통으로 있는데, C는 제외하여도 균형을 이룹니다. 따라서 (B, B)와 D가 같은 무게라는 것을 알 수 있습니다.

즉 D는 B 무게의 2배라는 것을 알 수 있습니다.

선물 무게는 10g, 20g, 30g, 40g 중 하나이므로

B…10g, D…20g의 경우와 B…20g, D…40g의 경우 중 하나라는 것을 알 수 있습니다.

예를 들어 B가 10g, D가 20g이라고 했을 때, 아래 오른쪽에 있는 저울을 확인해 봅시다.

A와 C의 합계가 20g이라는 것을 알 수 있는데, A와 C는 각각 10g 또는 30g에 해당하므로 조건에 맞지 않는다는 것을 알 수 있습니다.

따라서 B는 20g, D는 40g이라는 것을 알 수 있습니다.

여기서 위에 있는 저울을 보면 A는 B보다 무겁다는 것을 알 수 있습니다. 따라서 A는 30g, B는 10g입니다.

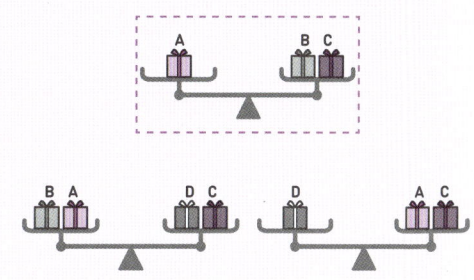

혹시 모르니 세 접시저울이 각각 균형을 이루는지 확인해 봅시다.

위쪽 저울
30(A)=20(B)+10(C)

아래 왼쪽 저울
20(B)=30(A)=40(D)+10(C)

아래 오른쪽 저울
40(D)=30(A)+10(C)

이렇게 나오며 모두 균형을 이룬다는 것을 알 수 있습니다.

07 가장 빠른 지름길

정답

A (30)g, B (20)g, C (10)g, D (40)g

다른 해설

문제 그림에서 아래 오른쪽 접시저울에 있는 A를 (B, C)로 바꾸면 D는 (B, C, C)와 무게가 같다는 것을 알 수 있습니다.

선물은 10g에서 40g까지 있으며 D가 (B, C, C)와 무게가 같아지려면 D가 40g, B가 20g, C가 10g일 때만 가능합니다.

A는 남은 30g이라고 생각해도 되고, B와 C의 합계이니까 30g이라고 생각해도 됩니다.

나머지 저울을 확인해 봐도 제대로 균형을 이룬다는 것을 알 수 있습니다.

해설

먼저, 집에서 오른쪽으로 쭉 갈 때와 아래쪽으로 쭉 갈 때 걸리는 시간을 적습니다.

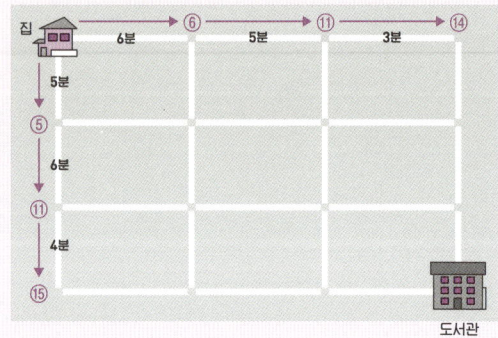

이어서, 각 교차점에 도착하는 시간 중 빠른 쪽을 적습니다.

예를 들어 집에서 오른쪽 아래에 있는 교차점에 갈 경우,

오른쪽으로 갔다가 아래쪽으로 가면
6+4=10(분)

아래쪽으로 갔다가 오른쪽으로 가면
5+6=11(분)입니다.

따라서 지나지 않는 길에는 ×로 표시하고 빨리 도착하는 쪽의 시간인 ⑩을 적으면 이렇게 됩니다.

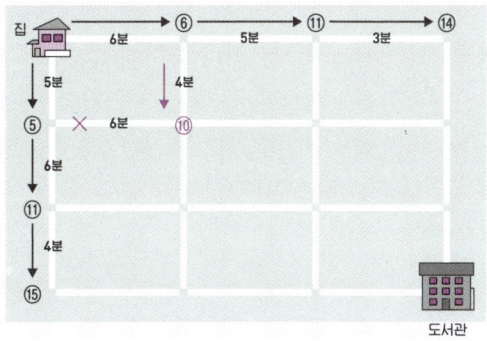

마찬가지로 모든 교차점에 도착하는 시간 중 빠른 쪽을 각각 적습니다.

포인트는 전체를 보지 말고 작은 사각형을 보면서 어느 쪽으로 가야 빠를지 비교하는 것입니다.

예를 들어 아래 그림에서 보이는 교차점으로 가고 싶은 경우는

10+4=14(분)

11+5=16(분)

이 둘을 비교하여 ⑭를 적으면 됩니다.

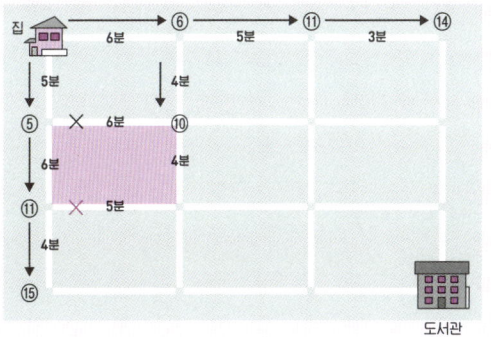

이런 식으로 모든 교차점에 도착하는 시간 중 빠른 쪽을 적은 것이 아래 그림입니다.

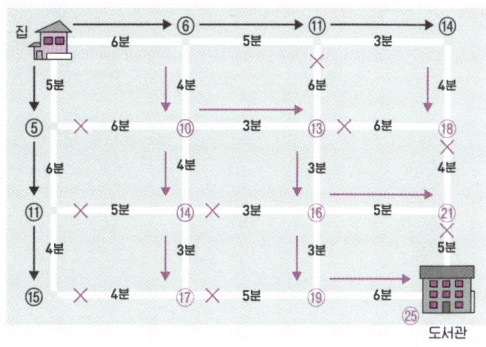

이 그림을 통해 도서관까지 가는 최단 시간은 25분이라는 것을 알 수 있습니다.

정답

25분

옮긴이 강태욱

영남대학교 경영학과 재학 중으로 현재 번역 에이전시 엔터스코리아 출판기획 및 일본어 전문 번역가로 활동하고 있다. 주요 역서로는 《자동차 세차 교과서》《맛과 멋이 있는 도쿄 건축 산책》 등이 있다.

초등 수학 천재로 키우는

1판 1쇄 펴낸 날 2021년 8월 30일

지은이 소니 글로벌 에듀케이션
옮긴이 강태욱
주 간 안정희
편 집 윤대호, 채선희, 이승미, 윤성하, 이상현
디자인 김수인, 이가영, 김현주
마케팅 함정윤, 김희진

펴낸이 박윤태
펴낸곳 보누스
등 록 2001년 8월 17일 제313-2002-179호
주 소 서울시 마포구 동교로12안길 31 보누스 4층
전 화 02-333-3114
팩 스 02-3143-3254
이메일 viking@bonusbook.co.kr
블로그 http://blog.naver.com/vikingbook

ISBN 978-89-6494-508-7 73410

바이킹은 보누스출판사의 어린이책 브랜드입니다.

· 책값은 뒤표지에 있습니다.